지적 대화에 필요한

유머와 위트

지적 대화에 필요한 유머와 위트

1판 1쇄 발행 2022년 12월 1일
1판 3쇄 발행 2023년 11월 15일

지은이 김승묵
펴낸이 이기준
펴낸곳 리더북스
출판등록 2004년 10월 15일(제2004-000132호)
주소 경기도 고양시 덕양구 무원로 6번길 12 대흥프라자빌딩 815호
전화 031)971-2691
팩스 031)971-2692
이메일 leaderbooks@hanmail.net

ISBN 979-11-90616-84-3 03320

지적 대화에 필요한
유머와 위트

리더들의 센스와 위트 넘치는 일화들

김승묵 지음

리더북스

추천의 글

미국의 유명한 사회학자 피터 버거(Peter Berger)는 다음과 같이 말했다.

'웃음은 이 세상의 절대적인 것들을 상대적으로 만든다.'

조직을 이끌어가는 리더들이 순간적으로 사용하는 유머와 위트는 직원들의 마음을 열게 하고 관계를 돈독하게 하는 매력을 지니고 있다.

우리는 함께 웃을 때 서로 가까워지고 신뢰가 쌓이는데, 현대사회에서 유머와 위트는 누구나 지녀야 할 필수요소가 아닌가 생각한다.

평소 유머와 재치가 뛰어난 김승묵 교수의 《지적 대화에 필요한 유머와 위트》 저서 발간을 축하한다. 치열한 생존경쟁에 시달리는 현대인들에게 좋은 비타민이 될 것임을 믿으며 앞으로 나도 이 책을 많이 활용하여 위트 넘치는 리더가 되도록 노력해야겠다.

주변에 웃음과 즐거움을 선사하고 싶은 모든 사람들에게 적극 추천한다.

- 승명호(現 고려대학교 교우회 회장)

추천의 글

'유머는 일을 유쾌하게, 교제를 명랑하게, 가정을 밝게 만든다.'

《인간관계론》 책을 저술하여 크게 성공한 미국의 데일 카네기의 말입니다.

삶의 궁극적인 목적은 내 주변의 많은 사람들과 좋은 관계를 유지하며 즐겁게 살아가는 것입니다. 우리는 인생을 살면서 부부관계, 친구 관계, 상하 관계, 연인관계 등 많은 관계를 형성하게 되는데 유머와 위트는 좋은 인간관계를 유지할 수 있는 비결이며 마중물이라고 볼 수 있습니다.

누군가 처음 만난 사람이라 해도 그가 웃는 얼굴을 하면 웬일인지 이쪽의 마음도 즐거워집니다.

문학 강연을 많이 하고 더러 방송 출연도 하는 저는 상대방이나 청중들을 즐겁게 해주는 것이 중요한 과제인데, 상황에 따라 적절한 유머와 위트를 사용하기 위해 자주 고민하게 됩니다. 이제 김 교수의 《지적 대화에 필요한 유머와 위트》가 발간되어 이 문제가 해결될 것 같아 한결 가벼워지는 마음입니다.

- 나태주(시인)

추천의 글

참모총장 시절 김승묵 교수가 평가위원으로 계룡대를 방문한 것이 우리의 첫 인연이다. 3일 동안 평가활동 기간에 군 조직 특성상 경직될 수 있는 분위기를 김 교수께서 재치 넘치는 위트로 분위기를 이끌면서 우리는 긴장감을 벗어나 즐거운 마음으로 평가에 임할 수 있었다.

인생을 살아오면서 나도 유머와 위트에는 관심이 많았으나 적절히 구사하는 데는 한계를 느꼈는데 이번에 이 문제가 해결될 것 같아 기쁜 마음이다.

나의 인생철학은 긍정적 사고와 감사하는 마음인데 이는 웃음이 전제되어야 가능하다. 이 책에는 다른 사람과의 관계에서 적절히 활용할 수 있는 유머와 위트들이 넘쳐난다.

'우리는 행복해서 웃는 것이 아니라, 웃으니까 행복하다.'라는 말처럼 많은 독자들이 이 책을 읽으면서 마음껏 웃고 행복해지기를 기대한다.

- 이계훈(前 공군 참모총장)

추천의 글

인터넷 게시판의 악플이 종종 심각한 사회 문제를 일으킵니다. 때로는 인격을 사격장의 표적처럼 만들기도 합니다.

스마트폰을 일상생활에서 의사 표현의 필수도구로 활용하는 가운데, 그 편리에 도취되어 부지불식간 정서는 메마르고 성격은 딱딱해졌을 가능성을 염려해보지 않을 수 없습니다. 다시 말해 삶의 숨통과 같았던 유머와 위트를 잃어버리거나 잊어버렸을 문제에 대해 생각해봐야 한다는 것입니다.

이러한 진단 소견을 가진 나는 포스코 동문인 김승묵 교수의 이 책을 유머와 위트의 회복을 위한 필독서로 추천하고 싶습니다.

정이 메말라가는 현대 사회에서 웃음은 우리 사회를 더욱 따뜻하게 하지요.

자동차에는 반드시 윤활유가 있어야 하듯이 인간관계에는 유머와 위트가 있어야 즐거운 관계를 형성할 수 있다고 생각합니다.

- 황은연(前 포스코 사장)

"여러분, 조금 전에 뉴스 속보를 보셨나요?"

점심 식사 후 오후 수업, 학생들의 시선이 모두 나에게 집중되었다.

"조금 전에 푸틴이 사망했답니다."

학생들은 휴대폰을 꺼내 들고 열심히 검색한다. 내가 한마디했다.

"오늘이 만우절입니다."

교실에 퍼지는 웃음소리와 함께 나는 학생들의 마음을 한곳으로 모으고 수업을 진행할 수 있었다.

유머 감각이란 어떠한 사건이나 사회적인 이슈에서 재미있는 요소를 발견하여 적절히 활용하는 능력을 말한다.

'만남은 인연이고, 관계는 노력이다.'

모든 인간관계의 기본은 상대방과의 친밀감을 유지하는 것인데, 친밀감의 대부분은 웃음의 바탕 위에 형성된다. 그래서 유머와 위트를 적절히 사용하면 상대방과의 유대가 형성되어 좋은 신뢰 관계를 유지할 수 있다.

유머와 위트를 잘 구사하는 능력은 누구나 갖추고 싶은 공통된 소망인데 이것은 선천적이라기보다는 자신의 노력에 의한 학습으로 형성되는 후천적 요인이 더 크다.

나는 고등학생 때부터 이 분야에 관심을 갖고 관련 자료를 수집하는 취미가 있었는데 때로는 친구들과 대화하면서 의식적으로 유머 감각을 익히려고 노력했다.

그러는 중에 깨달은 교훈은 세 가지였다.

첫째, 상대방이나 청중의 취향에 맞는 유머와 위트를 사용해야 한다.

둘째, 대화나 강의내용과 관계가 있는 소재를 활용하는 것이 좋다.

셋째, 교훈적인 메시지가 담겨있어야 한다.

한 권의 책으로 발간하기에는 미흡하고 부끄러운 부분들이 많아 여러 번 망설였으나 그동안 모아온 자료들을 정리하는 심정으로 이 책을 발간하게 되었다.

유머와 위트는 긍정적 감정을 유발하며 긍정적 감정은 주어진 상황에 좋은 영향을 준다. 조직을 이끌어가는 리더들, 그리고 유쾌하고 즐겁게 인간관계를 유지하기를 희망하는 모든 사람들의 지적 대화에 이 책이 작은 도움이 되기를 기대한다.

보라매공원에서

김 승 묵

목차 ········

1장 김 박사의 유머와 위트

2장 명사들의 위트 넘치는 지혜

3장 정치 지도자들의 유머와 위트

4장 문학 속 문인들의 촌철살인

1장

김 박사의 유머와 위트

••••••••

유머는 환경과 장소에 따라 적시에 사용하는 것이 생명이다.
그러기 위해서는 가까운 사람들에게 반복적으로 활용하여
대화 중 자연스럽게 적용할 수 있도록 노력해야 한다.

다만 유의할 점은 상대방을 비웃거나
약점을 유머의 소재로 활용하는 것은 금물이다.
왜냐하면 웃음보다 상대방에게 상처를 주기 때문이다.

여기에 소개되는 유머나 위트들은 시중에 사용되는 것들이 대부분이나
내 스타일로 창조해서 웃음을 소환하는 것들도 많다.
유머를 잘 사용하면 인간관계에 매우 긍정적인 효과를 가져다주는 것은
의심할 여지가 없다.
나로 인해 주변 사람들이 즐거워진다면 이 또한 보람있는 일이 아닌가?

유머 감각이 없는 사람은 스프링이 없는 마차와 같다.
- 헨리 워드 비처

01 주례를 잘 보는 법

대학 사회교육원에서 매주 토요일 직장인들을 대상으로 학위과정 수업을 진행할 때 있었던 일이다.

수업이 6시간 동안 진행되는데, 캠퍼스 내 동문회관에서 결혼식 주례를 맡게 되어 1시간 정도 자율학습을 부탁했다. 예식이 끝난 후 부지런히 교실로 와서 미안하다는 말과 함께 강의를 진행하려는데 한 학생이 질문했다.

"교수님, 주례 잘 보시나요?"

학생들이 책을 펼치다 말고 재미있다는 듯 나를 바라보는데, 왠지 평범한 대답보다는 좀 과장이 필요해 보였다.

"네, 주례를 잘 본다고 소문이 자자합니다."

그러자 중소기업 사장인 분이 진지하게 물었다.

"어떻게 하면 주례를 잘 볼 수 있나요?"

호기심 가득한 표정으로 학생들이 모두 나를 응시했다.

"아, 네~ 간단합니다. 내가 살아온 거와 반대로 얘기하면 됩니다. 부모님께 효도해라. 서로 사랑해라. 정직하게 살아라."

박수와 함성으로 오후의 졸음을 쫓고 즐겁게 수업할 수 있었다.

02 와우산 감나무

나는 매일 아침 보라매공원 근처의 야산에서 약 100분 정도 운동한다. 소가 누워있는 형상이라 하여 와우산이라 불렀다.

어느 해 맑은 가을 아침에 산책하는데 세 명의 중년 아주머니들이 긴 막대기를 들고 야생 감을 따려 노력하고 있었다. 그러나 감은 쉽게 떨어지지 않았다. 한 아주머니가 망설이다가 지나가는 나를 가로막는다.

"아저씨, 저 감 좀 따 줘유~"하고 충청도 말씨로 부탁했다.

나는 가던 길을 멈추고 막대기로 감을 따기 위해 노력했으나 쉽지 않았다. 위치를 바꾸어서 시도해 보았지만 그것도 여의치 않아 헛손질만 할 뿐이었다.

아주머니가 약간 실망이 담긴 목소리로 "잘 안 되나유?"라고 말했다.

씩씩하게 감을 따주고 체면을 지키고 싶었는데 성공 확률이 거의 없어서 마음속으로 몇 번을 망설이다가 나는 힘없이 막대기를 넘겨주며 말했다.

"안 되겠는데요, 차라리 제 마음을 따가세요!"

순간 세 아주머니의 진한 웃음이 터지고 나는 한결 가벼운 마음으로 운동할 수 있었다.

03 주여, 뜻대로 하옵소서

필자가 지방의 어느 공기업을 심사할 때의 일이다.

점심 식사를 마치고 픽업 차량을 이용하여 사무실로 돌아오는 길이었다. 심사위원 4명이 차에 탑승했는데, 한 명은 조수석에 앉고 뒷자리에 3명이 앉게 되었다. 나는 뒷자리 가운데에 앉았는데, 왼쪽에는 K대 여교수, 오른쪽에는 J대 남자 교수가 앉았다.

차가 갑자기 좌회전하자 나의 몸이 J대 남자 교수 쪽으로 쏠리게 되었는데 나는 한마디했다.

"주여, 시험에 들지 말게 하옵소서."

차가 한참을 달리다가 이번에는 갑자기 오른쪽으로 핸들을 꺾는 바람에 내 몸이 K대 여교수 쪽으로 쏠리게 되었다. 나는 지그시 눈을 감고 위트를 날렸다.

"주여, 뜻대로 하옵소서."

K대 여교수가 박수를 치면서 좋아했고, 다른 교수들도 한바탕 웃음을 터뜨렸다. 우리는 즐거운 마음으로 오후 심사에 들어갈 수 있었다.

04 3군 참모총장의 대결

몇 년 전에 국가인재개발상 심사 차 계룡대 공군본부를 방문한 적이 있다.

헌병들의 거수경례를 받으며 우리 일행은 총장실로 안내되었는데 공군 최고 통수권자인 참모총장(대장)을 만난다는 생각에 약간 긴장했다. 육군 훈련병 시절에 사역병으로 차출되어 사단장실 청소를 하면서 동기들과 장난스럽게 사단장 의자에 앉아본 추억이 생각났다.

경직된 분위기를 해소하기 위해 가벼운 대화들이 오가며 간간이 웃음을 주고받았다. 심사위원들이 군복무 경험담을 얘기했는데 참모총장이 나에게 공군에 대한 이미지를 물어보았다. 그 순간 나는 군과 관련된 위트가 생각나서 그 이야기를 하게 되었다.

3군 참모총장이 참석한 행사장에서 어느 군이 가장 용감한지 시합을 하기로 했다. 맨 먼저 육군참모총장이 육군 사병을 불렀다.

"박 일병, 수류탄을 들고 적군의 탱크를 폭파하라."

박 일병이 과감하게 수류탄을 들고 적의 탱크 밑으로 들어가 장렬하게 산화했다.

육군참모총장이 말했다. "봤지?"

다음은 해군참모총장이 해군 사병을 불렀다.

"이 상병, 크레모아를 들고 수중으로 들어가 잠수함을 박살내라."

그러자 이 상병은 참모총장에게 "충성!" 구호를 힘차게 외친 후 바다에 뛰어들어 잠수함을 산산조각 내었다.

해군참모총장이 의기양양하게 말했다. "어때, 용감하지?"

마지막으로 공군참모총장이 공군 김 병장을 불렀다.

"김 병장, 저 전투기를 몰고 가서 적의 진지를 불바다로 만들어라."

이때 김 병장이 공군참모총장을 째려보며 "아니, 내가 미쳤수" 하고 항명하였다.

이 모습을 보고 공군참모총장이 기세등등하게 두 참모총장을 바라보며 말했다.

"자, 봤지!"

공군의 승리였다.

공군참모총장 이하 배석했던 여러 장군들이 박수를 치며 좋아했는데 잠시 후 비행단장(소장)이 영문을 모르고 "이런 버릇없는 놈이 있나?"라고 한마디하자, 다시 한바탕 웃음이 넘쳤다.

05 서울역 노숙자

어느 날 이른 새벽 지방에 강의를 가기 위해 서울역에서 기차표를 예매하고 신문을 구입하러 편의점에 갔다. 항상 그렇지만 신문을 사면 B 섹션의 기사는 대충 훑어보고 버린다. 그랬더니 노숙자 한 사람이 내가 버린 신문을 쓰레기통에서 꺼내 들고 읽기 시작했다. 그것을 보고 무심코 지나쳤다.

몇 달 후 출장 차 서울역에 가서 역시 신문을 샀는데 그 사람이 옆으로 다가와 있었다. 나는 새 신문을 하나 사서 그에게 주었다.

그러면서 몇 마디 대화를 나누게 되었는데, 그는 학력 수준이 높은 사람이었다. 자기는 주로 사회면과 정치면을 본다면서 우리나라 정치를 불신하는 이유를 설명했다. 그러면서 나한테 말했다.

"선생님, 1+1은 2가 되어야 하는데 왜 우리 사회는 안 그렇죠? 저는 그것이 이해가 안 됩니다."

나는 적당한 답변을 해줄 수가 없어서 화제를 돌렸다.

"며칠 전에 국회의원 선거를 했는데 투표는 하셨나요?"

그러자 그가 말했다.

"저는 쓰레기 분리수거 하는 거 별로 좋아하지 않습니다."

나는 한 방을 얻어맞은 느낌을 받았다. 아무 말 없이 기차를 타기 위해 에스컬레이터를 찾아갔다.

06 이 세상에 존재하지 않는 것

학점은행 과정에서 성인들을 대상으로 '허즈버그의 2요인론'을 강의할 때 있었던 일이다.

위생요인과 동기요인을 설명하는데, 임금은 위생요인으로서 아무리 많이 주어도 근로자들은 만족을 못 한다는 내용을 사례로 제시했던 위트다.

"여러분, 세상에 존재하지 않는 것이 3가지 있는데 무엇일까요?"

여러 가지 의견들이 나왔으나 본질에는 벗어나서 내가 알려줄 수밖에 없었다.

첫째, 월급을 많이 주는 회사는 존재하지 않는다.

둘째, 직장에서 자기 마음에 꼭 드는 상사는 존재하지 않는다.

셋째, 예쁜 마누라는 존재하지 않는다.

그러자 50대로 보이는 남자 수강생이 손을 들더니 "저는 마누라가 예쁜데요."라고 당당하게 말했다.

그래서 나는 서서히 그분 앞으로 가서 말했다.

"결혼하신 지 몇 년 되셨어요?"

“네, 23년 되었습니다.”

“아이고, 결혼한 지 20년이 지났는데도 부인이 예뻐 보이면 그건 치매 초기현상인데요.”

내 말을 듣고 수강생들이 박수를 치며 웃음을 터뜨렸다.

나도 억지로 웃음을 참으며 돌아서서 칠판을 향해 걸어가는데 뒤에서 어느 주부 수강생이 큰소리로 질문했다.

“교수님은 사모님이 예쁘세요?”

순간 나는 당황했으나 차분하게 대답했다.

“아, 예, 저는 아직 치매는 안 걸렸어요.”

07 경로우대증

해마다 겨울방학이면 충남대 중등연수원에서 5일 동안 교장·교감·장학사 등을 대상으로 연수를 한다. 필자도 매년 강사로 참여했는데 2일 정도 지나면 수강생들이 지루함을 느껴 오후 수업은 집중이 잘 되지 않는다.

나는 점심 식사 후 첫 시간 수업은 졸음을 이겨내기 위해 약 20분 정도 유머 경연을 했다. 한 사람씩 나와서 유머를 얘기하는데 박수를 가장 많이 받은 사람에게 도서상품권을 주기로 하였다. 직위가 높고 나이가 많은 선생님들을 대상으로 하는 교육은 엄숙하고 경직되기 쉽기 때문에 한편으로는 그들의 수준에 맞는 유머와 위트를 탐색하고자 하는 숨은 뜻도 있었다.

그때 가장 많은 박수와 함께 도서상품권을 받은 분은 부산의 모 고등학교 여자 교감 선생님이었다.

어느 교장 선생님이 정년을 마치고 65세가 되자 경로우대증을 받기 위해 구청 보건소를 찾아갔다. 직원 아가씨가 나이를 확인해야 한다며 주민등록증을 요구했지만 그는 그것을 집에 두고 온 사실을 뒤늦게 알았다.

교장: 집이 좀 먼데, 다시 가서 가져올까요?

직원: 아닙니다. 제가 간단히 검사하고 발급해드리겠습니다.

직원은 교장의 웃옷을 올리게 하고 앞가슴을 확인하더니 경로우대증을 곧바로 발급해 주었다. 그는 기분 좋게 집에 와서 부인에게 경로우대증을 보여주며 자초지종을 얘기해 주었다.

그 얘기를 듣고 나서 부인이 말했다.

"왜 바지도 내리지 그랬어요? 그러면 장애인증까지 받았을 텐데…."

08 관동별곡

필자는 여성들만 약 600명 대상으로 하는 강의를 부탁받은 적이 있다. '강원도 교육청 여성공무원협의회'의 송년 정기총회에서 강의 요청을 해왔다. 여자들이 수백 명 모이는 강의는 처음이라 준비하면서 고민이 많았다.

12월 초겨울이었는데, 적당히 쌓인 눈이 강원도 산들의 절경을 수놓아 한 폭의 동양화처럼 아름다운 모습이었다.

저녁 식사 후 다음 날 아침 강의할 생각을 하니 마음이 편하지 않았다. 본론의 강의 준비는 충분히 하였으나 시작할 때 분위기를 유도하기 위한 오프닝을 어떻게 할 것인가의 문제로 잠을 이룰 수 없었다. 강의 시작 5분 이내에 시선을 집중시키는 것이 무엇보다 중요했다.

아침에 일찍 일어나 리조트 주위를 산책하고 대강당을 답사했는데, 규모가 너무 커서 연단 위에 화이트보드 설치를 요구하고 핀 마이크를 준비해달라고 요청했다.

강의 1시간 전인데도 좋은 아이디어가 떠오르지 않아 고민이 깊어졌다. 그때 눈 쌓인 창밖을 바라보다가 문득 고등학교 때 국어 교과서에 실렸던 송강 정철의 〈관동별곡〉이 떠올랐다. 국어 선생님이 대학입시에 자주 출제된다고 하여 달달 외웠고 가끔 심심할 때 중얼거렸더니 아직도 30% 정도는 외울 수 있었다.

시간이 되어 연단에 올랐는데 강당의 끝이 보이지 않았고, 서로 잡담을 하는지 웅성웅성했다. 나는 첫마디를 꺼냈다.

"여러분 반갑습니다. 이렇게 자연경관이 수려한 강원도에 와서 강의를 하게 되어 영광입니다. 눈 쌓인 자연이 너무 아름다워서 제가 강원도를 찬양한 관동별곡을 잠깐 읊어보겠습니다."

그러자 어수선했던 분위기가 조용해졌다.

"강호애 병이 깁퍼 듁님에 누엇더니 관동 팔백리에 방면을 맛디시니 어와 셩은이야 가디록 망극하다. 연츄문 드리다라 경회남문 바라보며, 하직코 물러나니 옥절이 알페셧다. 평구역 말을 갈아 흑슈로 돌아드니 셤강은 어드메요 치악이 여기로다. 쇼양강 나린물이 어드러로 든단 말고 ……"

약 1분 정도 외워나가자 함성과 함께 소나기 같은 박수가 쏟아졌다. 아이스브레이킹에 성공하고 그다음은 분위기를 유도하며 성공적으로 강의를 마칠 수 있었다.

많은 청중을 대상으로 강의할 때는 시작 5분 이내에 청중의 시선을 사로잡는 이벤트를 준비하는 것이 매우 중요하다. 이때 유머와 위트를 사용하면 큰 도움이 된다.

09 가파도와 마라도

1993년 필자는 생애 처음으로 국토 최남단 마라도를 여행하게 되었다. 마라도는 제주도 남쪽 약 11km 해상에 위치한 우리나라 최남단 섬이다. 그 전에 제주도 남쪽 약 5.5km 해상에 가파도라는 섬이 있다.

크지 않은 배는 많은 사람들의 흥분된 마음을 담고 서귀포 모슬포항을 출발했다. 배가 한동안 바다 위를 달려 나가자 오른편에 섬 하나가 보이기 시작했는데 가파도였다.

가이드가 마이크를 잡고 가파도와 마라도에 관하여 소개했다.

"가파도와 마라도에 사는 사람들은 남의 돈을 빌린 후에는 가파도(갚아도) 되고 마라도(말아도) 되는 풍습이 있습니다."

많은 여행객이 가이드의 위트에 박수를 보내주었다.

한국어의 특성상 한 단어가 두 가지 뜻으로 나타나면 유머의 소재가 된다.

이런 말이 있다. "돈을 빌려주는 것은 자본이고, 빌려준 돈을 받으러 다니는 것은 노동이다."

가이드의 말처럼 가파도나 마라도에 살면 빌린 돈을 안 갚아도 되는가? 정말 그렇다면 이사 가야겠네.

10 알래스카 크루즈 여행

알래스카는 '위대한 땅'을 뜻한다. 1741년 러시아의 표트르 대제에게 고용된 덴마크인 베링이 발견한 알래스카는 러시아의 지배를 받았다. 19세기 중반 영국의 알래스카 강점을 두려워한 러시아가 1867년 미국에 720만 달러에 매각했고, 1959년 49번째의 주로 연방에 편입되었다. 빙하로 뒤덮인 쓸모없는 땅인 줄 알았는데 금광과 유전이 발견되어 미국에 상당한 부를 안겨 주었을 뿐만 아니라 미국의 대륙방위 전략상 중요한 역할을 담당하고 있다.

필자는 15년 전에 알래스카 크루즈 여행을 다녀왔다. 캐나다 밴쿠버에서 출발하여 8박 9일 동안 알래스카주의 해안가 소도시 주노, 케치칸, 스캐그웨이 등을 크루즈로 여행하는 코스였다. 단순 여행이 아닌 리더십 과정 세미나를 겸한 여행으로 약 10만 톤급 머큐리호 선상에서 매일 교육을 병행했다.

캐나다 루멘연구소 소속의 강사들과 함께 세미나를 진행했는데 '인간관계와 동기부여'가 주된 내용이었다. 각계각층에서 활동하는 45명의 참가자들이 좋은 인간관계를 위한 3가지 원칙 3A(Acception: 상대방의 의견을 받아들인다, Approval: 상대방을 인정한다, Appreciation: 진심으로 감사한다)에 대하여 열심히 공부하고 토론하고 발표했는데 매일 교육 종료 후 강사들의 피드백이 백미였다.

매일 아침 8시쯤 배가 항구에 정박하면 옵션 프로그램이 진행되어 여러 곳을 관광할 수 있었다. 알래스카 주도(州都)인 주노의 멘델홀 빙하, 스캐그웨이의 화이트패스를 열차로 오르면서 본 협곡의 절경, 케치칸의 전통 민속공연 등을 잊을 수 없는 멋진 여행이었다.

마지막 날 밴쿠버에서 크루즈 하선을 하루 앞두고 우리는 세미나를 마친 소감을 발표했는데, 한 참가자가 다음과 같은 소감을 말하여 큰 호응을 얻었다.

"어머니 배 속에서 나올 때는 혼자 나왔지만 이 배에서 내리면 함께 살아가는 법을 배우며 실천하겠습니다."

또한 밴쿠버 교외의 가로수와 나무들은 우리나라보다 짙푸른 신록이 눈부시게 아름다워서 마음까지 시원했다. 모두 창밖을 보며 경치에 매료되어 있는데 휠체어를 타고 참가한 목회자 한 분이 말했다.

"나는 어린 시절 꿈이 화가였는데 신록의 푸르름을 그림으로 표현할 수가 없어서 화가의 꿈을 포기했어요."

이 말을 듣고 모두 박수로 공감을 표시해 주었다.

11 판결문

가끔 복잡한 사법 판결을 할 때 판결문에서 촌철살인의 위트가 느껴질 때가 있다.

환경단체들이 우리나라 4대강 사업이 적절했는지에 대한 소송을 제기하여 오랜 공방 끝에 최종적으로 나온 대법원의 판결은 다음과 같았다.

'법원은 적법성을 판단하는 곳이지, 적절성을 판단하는 곳이 아니다.'

2014년 흡연피해자와 폐암으로 사망한 가족들이 국가와 담배인삼공사를 대상으로 배상청구소송을 제기했는데 1심과 2심을 거쳐서 5년여 만에 대법원의 최종 판결이 나왔다. 결과적으로 원고들이 패소했는데 대법원의 판결문은 이러했다.

'개인의 건강은 법이 지켜주는 것이 아니다.'

2020년 국민건강보험공단이 담배인삼공사를 대상으로 한 533억원의 손해배상청구소송에서 최종 패소했는데 판결문은 다음과 같다.

'담배가 암 발생에 영향을 줄 수는 있지만 직접적으로 암을 유발시킨다고 인정할 수는 없다.'

이와 같은 흡연자들의 저항과 환경변화 때문에 담배의 소비량이 줄어드는 추세로 KT&G는 매출을 증대하기 위한 방안에 고민이 많다고 한다.

다음과 같은 마케팅 전략을 세우는 것이 어떨까 생각해 본다.

'담배로 상한 몸, 인삼으로 보충하자.'

12 진이 빠진다

최근 몇 년간 우리나라는 TV조선의 트로트 열풍에 흠뻑 빠져들었다. 전 국민의 관심 속에 최고 35%의 시청률을 기록하며 마무리한 〈미스터트롯〉 경연은 흥행 대박이었다. 대부분의 방송국 예능프로그램이 시청률 5%를 넘기기 힘든 상황인 것에 비교하면 대단한 관심이 아닐 수 없다.

예선 → 본선 → 결선 등 여러 단계를 거치는 동안 출연자들은 거의 기진맥진했다. 최종 결선을 앞두고 대기실에서 순서를 기다리던 영탁이 몹시 지친 듯 혼잣말로 하소연했다.

"아~ 이제 진이 빠진다, 진이 빠져." 하면서 의자에 누워버렸다.

이 모습을 옆에서 보고 있던 초등학생 출연자 정동원이 웃으며 물었다.

"정말 진에서 빠질 거예요?"

어린아이가 사용하기에는 좀 수준이 있는 위트였다.

영탁이 귀찮은 듯 말했다.

"그래, 진 네가 해라."

최종 성적에서 영탁은 선, 정동원은 5위를 차지하며 트로트계의 새로운 스타로 등장했다.

〈내일은 국민가수〉 경연대회에서 6살짜리 유치원생 김유하 어린이가 콩알처럼 등장하여 '아, 옛날이여!'를 부르고 나자 마스터 중에 한 명이 어린애한테 무슨 옛날이 있느냐며 조롱하듯 질문했다.

"유하한테 옛날은 언제인가요? 이유식을 먹으며 엄마한테 재롱을 부리던 시절을 말하나요?"

그러자 마스터들이 재미있다는 듯 모두 웃었다. 이때 김유하 어린이의 솔직한 대답이 그들을 당황하게 만들었다.

"아뇨, 마스크 쓰지 않고 유치원을 다니던 시절과 키즈 카페 다닐 때를 그리워하며 노래를 불렀어요."

그러자 마스터들이 뒤통수를 맞은 듯 모두 경악하는 모습이었다. 오랜 코로나 팬데믹으로 지쳐있는 국민의 마음을 어린 꼬마가 대변한 것이다.

어른들은 가끔 아이들로부터 인생의 교훈을 얻을 때가 있다.

13 장군의 부대 방문

필자가 강원도 소양강 근처 군수지원 독립대대에서 군대생활을 할 때의 일이다. 입대한 지 10개월 정도 지난 일등병 때였다.

어느 날 군수지원사령관(소장)이 부대를 방문한다고 하여 부대에 비상이 걸렸다. 며칠 동안 대대적으로 청소를 하는 등 사령관 방문 준비에 여념이 없었다. 대대는 3개 중대와 대대본부로 구성되었는데 나는 1중대 소속이었다. 사령관 도착 1시간 전부터 중대별로 집합하여 시나리오를 만들어 준비했다.

대대장의 총지휘 하에 반복하여 예행연습을 하고 우리는 30분 전부터 정렬하여 사령관을 기다렸다. 드디어 권총과 장군벨트를 착용한 사령관이 개선장군처럼 도착했다. 연단에 올라선 사령관의 위엄은 대단했는데 좌우로 몇 번을 살피더니 지휘봉으로 3중대 맨 앞줄의 한 사병을 지목하며 질문을 던졌다.

"이번에 새로 부임하신 군사령관(대장)의 지휘방침이 뭔가?"

그러나 그 사병은 당황하여 대답을 못 했다. 그러자 다른 2중대 병장을 지목했으나 그도 똑같이 당황하여 침묵을 지켰다.

사령관이 이번에는 우리 중대를 가리키며 맨 뒷줄에 있는 병사를 지목했다. 나도 맨 뒷줄에 있었는데 세 줄로 되어있어서 나를 포함 3명이 대상이었다. 옆을 슬쩍 보니 나보다 고참들이었는데 잘 모르는 것 같은 느낌이 들었다. 다행히 나는 내무반마다 벽에 걸려 있는 그 내용을 기억하고 있었다. 순간 나는 손을 번쩍 들고 큰소리로 대답했다.

"네, 1중대 일병 김. 승. 묵!"

사령관은 "말해 봐" 하고는 지휘봉으로 나를 가리켰다.

"전 부대의 유격부대화! 이상입니다!"하고 나는 최대한 목청껏 외쳤다.

"아니 병장들이 일등병만도 못하구나."하고는 사령관은 훈시를 이어갔다.

사령관이 떠난 후 중대별로 해산했다. 우리는 중대본부 앞에 집결했는데 중대장이 내 곁에 와서 어깨에 손을 얹고 웃으며 한마디했다.

"수고했어, 그런데 김 일병! 이참에 말뚝 박는 게 어때?"

그러자 우리 중대원들의 웃음소리가 연병장으로 퍼져나갔다.

14 현수막 위트

길가에 걸려 있는 현수막의 문구에는 재미있는 표현들이 많다. 필자가 실제로 보았거나 친구들이 사진을 찍어 카톡으로 보내준 내용을 정리해 보았다.

> 내 생애 첫 번째 실수는 우리 남편 만난 것이고
> 두 번째 실수는 이 부실 아파트 분양받은 것이다

> 야, 이놈들아 어버이날인데 뭐 없냐?
> 꽃으로 퉁칠 생각은 하지 마라

> 사람을 찾습니다.
> 4월 26일 금요일, 의정부 실내체육관에서 공연하는 마당놀이 변강쇠전을 서울에서 보았는데도 또 보러 간다기에 못 보게 했더니 가출했습니다.
> 제 마누라를 보신 분은 꼭 연락주세요.
> 연락처: 010-○○○○-○○○○

오골계를 먹고 충남의 80세 최 모 할아버지가 득남하셨답니다.

- ○○식당 주인

국립공원 내, 짝퉁 부부 등산 위장 애정행위 금지.

위반 시 관련법에 의거 형사고발 조치함

- ○○○국립공원 관리사무소

우리 식당은 KBS, MBC, SBS에 맛집으로 소개되지 않은 집

- ○○식당 주인

우리의 목적지는 고객의 안전입니다.

- 금호고속

15 학수고대

2016년 1월 고려대학교 교우회관에서 교우회 정기총회가 개최되었다. 1,000여 명의 교우들이 모여서 신년하례회 겸 신임 교우회장을 선출하는 일정이 계획되어 있었다.

동문인 전 이명박 대통령 때는 정치사회 각 분야에서 고려대 출신들이 눈부시게 활동했으나 대통령이 바뀌고 나서는 많은 자리를 잃게 되어 교우회가 상당히 위축되었다. 후임인 박근혜 대통령 때는 성균관대 출신들이 요직에 많이 진출하고, 연세대 출신들 또한 비교적 활발하게 등용했으나 고려대 출신들은 상대적으로 약세를 면치 못했다.

이 같은 분위기를 탈피하고 새로운 다짐을 하고자 신임 교우회장을 선출하게 되었는데, 전통에 따라 사전에 이사회에서 내정하여 총회에서 만장일치로 인준하게 되어있었다. 그리하여 후임 교우회장은 삼성그룹 부회장 출신의 이학수 교우가 총회에서 만장일치로 선출하는 것이 약속된 시나리오였다. 교우들의 박수 소리와 함께 새로운 회장이 지명되는 절차만 남았을 뿐이다.

사회자가 이와 같은 과정을 설명하고 "이학수 부회장을 교우회장으로 추천합니다. 이의 없습니까?" 하자 우레와 같은 박수가 터져 나왔다. 그런데 중간쯤 있던 한 사람이 "이의 있습니다."하고 손을 들며 일어났다. 순간 회의장 분위기가 얼음장처럼 굳어지고 사회자가 당황하는 기색이 역력했다.

모두 긴장하고 그에게 시선이 집중되었는데, 신문사 논설위원 출신이라고 자신을 소개한 그는 비장하게 말을 꺼냈다.

"최근 우리 교우회가 상당히 침체되어 있습니다. 새로운 변화가 필요합니다. 시중에 유행하는 말이 성균관대는 태평성대, 연세대는 희망연대로 활기가 넘치는데 우리는 상대적으로 활동이 위축되어 있는 것 같습니다.

이와 같은 시기에 우리는 학수고대합니다. 이학수 교우를 신임 교우회장으로 재청합니다."

얼어붙었던 교우들 얼굴에 일순간 화색이 돌면서 함성과 함께 우레와 같은 박수로 신임회장을 승인했다.

회의장 분위기를 극적으로 반전시킨 그는 한국경제신문 논설위원을 지낸 제재형 교우였다. 그의 위트는 전체 교우를 하나로 집중시키고 새로운 희망을 갖게 하는 매력을 지니고 있었다.

16 해외여행 간 여고 동창생

해외여행을 갔을 때 가이드에게 들은 이야기다.

결혼한 여고 동창 세 사람이 오랜만에 해외여행을 갔다. 쇼핑 후에 커피를 마시다가 남편들에게 컬렉트 콜(수신자 요금 부담 통화)로 전화를 하여 반응을 살펴보기로 하고 전화를 걸었다.

A 여성 남편 : (반갑게 받으며) 가족들은 잘 있으니까 걱정하지 말고 구경 잘하고 와.

B 여성 남편 : (매우 반가운 목소리로) 왜 이제 전화했어? 궁금했잖아. 자주 전화해.

C 여성 남편 : ('국제전화인데 받으시겠습니까?'라는 멘트가 나오자) 전화를 받지 않고 곧바로 끊어버렸다.

C 여성은 화가 나서 남편 주려고 샀던 선물들을 친구들에게 싸게 팔겠다고 성화를 부렸다. A 여성이 사겠다고 하자 B 여성이 만류하는 바람에 C 여성은 못 이기는 척하고 물러섰다.

가이드는 8년간 가이드 생활을 하면서 이런 광경은 처음 봤다면서 박장대소했다.

17 나 잘렸어

과거에 한 직장에서 근무했던 선후배들이 모여 소주잔을 기울이며 정담을 나누고 있었다. 그때 직장에서 은퇴한 후 공공기관 CEO로 갔던 선배에게 한 후배가 안부를 물었다.

"선배님, 잘 지내시죠?"

"나 지난달에 잘렸어."

필자는 그 선배가 계약기간이 종료된 것을 잘렸다고 표현했음을 알고 있었다.

그런데 예측 못한 대답을 들은 후배는 머쓱했는지 선배에게 위로의 말을 건넸다.

"능력으로 보자면 한 번은 더 연임하셔야 되는데…"

선배는 그 말을 듣고 위안이 되었는지 껄껄 웃으면서 술잔을 잡았다.

그때 옆에 있던 필자가 격의 없이 지내던 선배에게 역설적으로 한마디 던졌다.

"아니, 능력으로 보자면 선배님은 벌써 잘렸어야죠. 하하."

그 말을 듣고 선후배들의 한 보따리 웃음이 소주잔을 넘치게 했다.

18 취미가 뭐예요?

사회교육원 강의는 젊은 학부생들보다 훨씬 재미있고 활기가 넘친다. 대부분 직장인들이기 때문에 가끔 식사를 함께하면서 시사 문제도 토론하는 등 즐겁게 보낼 수 있다. 술이 한 잔씩 들어가면 사제 개념이 아닌 같은 사회인으로서 허물없이 어울릴 때가 많다.

어느 날 회식을 하면서 학생들과 성적에 관하여 이야기를 주고받았다. 어느 교수님은 예쁜 여학생들에게 좋은 학점을 주고, 또 어느 교수님은 술을 좋아하는 학생들에게 학점을 잘 주는 것 같다는 등의 불평을 농담처럼 얘기했다.

그러면서 그 학생이 나한테 물었다.

"교수님은 술을 좋아하세요?"

"아뇨, 술을 별로 좋아하지 않습니다."

"그럼 여자를 좋아하세요?"

"아뇨, 여자 알기를 돌같이 하지요."

"아니 술도 안 좋아하시고 여자를 돌같이 대하신다면, 그럼 취미가 뭐예요?"

"제 취미요? … 돌을 수집하는 겁니다. ㅎㅎㅎ"

19 경조금

인간관계는 자녀 결혼이나 부모님 돌아가셨을 때 찾아오는 손님들을 보면 알 수 있다고 한다. 이때 인간관계의 기브 앤 테이크를 잘했는지가 정확히 드러나는 것이다.

10여 년 전 필자의 어머님이 돌아가셨을 때 서운했던 친구가 있었다. 그의 부모님이 돌아가셨을 때 나는 퇴근 후 3시간 정도 소요되는 시골까지 밤에 문상을 다녀왔는데, 그의 부의금이 없었기 때문이다. 분명히 그는 다녀갔고 경제력도 풍족한 친구였다. 서운한 마음이 오래 지속되었는데 어느 날 밤에 곰곰이 생각해 보니 내가 실수를 한 것임을 알게 되었다.

그 친구 문상을 갈 당시에 내가 모임의 회장을 하고 있었는데 그 모임에서 지급하는 조위금만 전달하고 내가 별도로 안 한 것을 뒤늦게 깨달았다. 순간적으로 얼굴이 화끈거리고 죄송한 마음이 들었다.

유머나 위트를 떠나 경조사에 관해 여러 사람의 의견을 듣고 느낀 것을 정리해 보면 이렇다. 살아가는 데 하나의 교훈이라고나 할까.

가장 반가운 사람: 전혀 예상하지 않았는데 찾아온 사람

아주 반가운 사람: 주변에 알려주고 여러 경조금을 챙겨서 방문해주는 사람

반가운 사람: 바쁜 시간에도 몸소 방문해주는 사람

그저 그런 사람: 특별한 일도 없으면서 은행 계좌번호를 묻는 사람

얄미운 사람: 타인에게 부탁하고 송금도 안 해주는 사람

아주 미운 사람: 자기는 다 받아먹고 모른 척하는 사람

20 농부의 교훈

예전에 KBS에서 매일 아침 시골 농부들의 생활을 논밭에서 생생하게 보여주는 〈6시 내 고향〉이라는 프로그램이 인기리에 방송되었다. 젊은 리포터가 새벽에 논밭에 나가 농사일을 하는 농부들을 직접 만나 여러 가지 생활상을 물어보는 프로그램이었는데, 가식이 없고 흙과 사람 냄새가 나는 것 같아 오랫동안 애청하였다.

어느 날 리포터가 방문한 곳은 온 밭을 파랗게 수놓은 무 농장이었다. 보기에도 싱그러움이 넘치는 무들을 정성껏 가꾸고 있는 70대 농부 할아버지를 만나 대화하고 있었다.

리포터가 할아버지에게 질문했다.

"할아버지, 이 많은 무들을 키우시느라 힘드시죠?"

그러자 농부가 농기구를 내려놓고 땀을 닦으면서 대답했다.

"아뇨, 무가 우리 식구를 키우지요."

예상외의 답변에 당황한 리포터의 모습이 맑은 아침 공기를 타고 시청자들에게 전달되었다.

내가 무를 키우느라 힘든 것이 아니라 무가 우리 식구를 키운다는 인식이 얼마나 아름다운가. 무 농사를 지어서 자식들을 공부시키고 가족 생계비를 마련하니 그저 고맙다는 할아버지의 말씀이 어느 지식인의 논문보다 가치가 있어 보이는 것은 필자의 소견만은 아닐 것이다.

또 하나의 이야기.

경상도 어느 도시에서 KBS 〈전국 노래자랑〉이 개최되었다. 재미있는 출연자들의 노래가 끝나고 진행 중간쯤에 중년의 아주머니 한 분이 무대에 올랐다.

당시 사회를 보던 송해 씨가 반갑게 인사를 하고 하는 일을 물어보았다. 시집와서 지금까지 시부모를 모시고 농사를 지으며 살고 있다고 했다.

아주머니는 노래를 잘 불러서 많은 박수를 받았는데, 사회자 송해 씨가 말했다.

"아이고, 노래를 잘하시는데 저하고 같이 서울 가서 가수합시다."

그러자 아주머니는 자연스럽게 대답했다.

"그럼 농사는 누가 짓고 예?"

이 말을 듣고 사회자는 말문이 막혔는지 멍하니 그 아주머니를 존경스럽게 바라보았다.

21 울릉도 여행

아주 오래전 대학 시절에 친구와 함께 울릉도를 여행한 일이 있다.

둘째 날 울릉도를 일주하는 배를 타고 해상관광에 나섰다. 심하게 출렁이는 파도와 함께 저동항을 출발했는데 반대 방향인 천부에 도착하니 거짓말처럼 파도가 잠잠해지고 하선하여 관광을 즐길 수 있었다.

다시 승선하기 위해 선착장에서 줄을 섰다. 그런데 한 여승객이 선물을 바다에 빠뜨려서 발을 동동 구르며 안타까워하여 관광객들의 시선이 집중되었다. 그때 한 젊은이가 웃통을 벗더니 곧바로 물속으로 다이빙하여 물건을 건져주었다.

많은 사람들이 젊은이의 용기와 배려에 박수를 쳐주었는데 뒤에서 있던 아가씨 일행 중 한 명이 "야, 저 남자 멋있다." 하면서 감탄했다.

이때 내 친구가 그 아가씨에게 말했다.

"아가씨, 카메라를 물속에 빠뜨려 보세요. 제가 건져줄게요."

그러자 주변에서 한바탕 웃음이 터졌고 우리는 그들 일행과 즐겁게 대화하며 울릉도 일주 여행을 즐길 수 있었다.

22 행성계의 기적

한번은 LG그룹의 계열사에 가서 강의를 한 일이 있다. 참석자들이 부·과장급 이상의 관리자들이어서 비교적 크게 신경 쓰지 않고 편안하게 강의할 수 있었다.

90여 분 정도의 강의를 마치고 마무리할 때 뭔가 임팩트를 주기 위해 회사와 관련이 있는 위트를 하게 되었다.

다음과 같은 질문을 했다.

"여러분, 우주 행성계에서 가장 역사적인 사건이 있었는데 그게 무엇인지 아시나요?"

강의장에 침묵이 흘렀다. 내가 말했다.

"그것은 바로 금성이 LG로 바뀐 겁니다."

그러자 청중들이 모두 일어나 기립박수를 보내주었다.

* 럭키와 금성사가 1980년 럭키금성으로 통합하고, 1995년 구본무 대표가 그룹회장으로 취임하면서 사명을 LG로 변경하였다.

23 경마장과 사형수

오랜만에 친구들과 마포에서 술 한잔을 하게 되었다. 공덕역 근처에서 아웃소싱 사업을 하는 친구의 초청으로 3명이 맛있다고 소문난 갈매기살 고기를 파는 식당으로 자리를 잡았다.

"어머, 오늘 이 테이블에는 멋쟁이들이 오셨네요."

상냥한 종업원의 말을 듣고 우리는 기분이 좋았다. 내가 한마디 거들었다.

"아주머니는 경마장에 가면 안 되겠어요."

"왜요?"

"너무 예뻐서 말이 안 나와요."

직원은 눈을 크게 뜨고 좋아라 하며 지나가는 다른 직원을 붙들고 칭찬받았다고 자랑을 했다. 그러자 다른 직원도 와서 재촉했다.

"저도 칭찬해 주세요."

그 직원의 얼굴을 잠시 바라보다가 내가 한마디 던졌다.

"예쁜 게 죄라면 당신은 사형감이야."

식당에 까르르 웃음소리가 퍼져나갔다. 우리 일행은 기분 좋은 서비스를 듬뿍 받으며 평소보다 소주 1병을 더 마셨다.

24 칭찬의 효과

친구 아들은 30대 중반이다. 사귀던 애인과 결혼하기로 했는데 여자 쪽 어머니가 반대해서 결혼까지는 이어가지 못했다고 한다.

그러던 어느 날 친구 아들은 여자 쪽 가족과 만나게 되었다. 이것저것 세심하게 신경을 쓰고 약속 장소에 갔는데 신부 될 여자의 어머니와 언니가 나와 있었다.

그런데 언니는 장난기가 있어서 동생 남자친구에게 엉뚱한 질문을 했다.

"저하고 동생하고 누가 더 예뻐요?"

사귀는 여자와 어머니도 재미있다는 듯 무슨 대답을 할지 기다리는 눈치였다. 친구 아들이 여자 쪽 가족을 바라보면서 한마디했다.

"제가 보기에는 어머니께서 가장 예쁘세요."

예상치 못한 답변에 두 딸은 손뼉을 치고 어머니는 흐뭇한 미소를 지었다.

며칠 후 어머니는 딸에게 결혼해도 좋다는 승낙을 하고 두 사람은 6개월 후 시인 나태주 선생의 주례로 부부가 되었다.

25 인삼 축제 축사

어느 지자체에서 10월 하순경 제법 쌀쌀한 날씨에 인삼 축제가 열렸다. 겨울옷을 입지 않고 참석한 사람들은 추위에 떨면서 행사가 빨리 끝나기만을 기다리고 있었다.

그러나 초청된 기관장이나 지역 유지들의 축사는 천편일률적으로 원고를 읽는 수준이었고 내용도 길어서 참석자들은 마음속으로 불만이 가득했다.

마지막에 부지사가 축사를 하기 위해 연단에 올라서 첫마디를 했다.

"여러분, 오늘 날씨가 무척 춥죠?"

그러자 모두 "예!"하고 합창했다.

"그게 바로 인삼을 안 드셔서 그런 겁니다. 추위를 이기는데 인삼만큼 좋은 게 없습니다. 앞으로 인삼을 많이 잡수시고 건강하시기를 기원하면서 이상 축사에 갈음합니다."

여기저기서 와~~ 하는 함성과 함께 요란한 박수 소리가 퍼져나갔다.

26 컨설턴트와 양

기업의 문제점을 해결해주는 것이 경영컨설턴트의 일이다. 한 컨설턴트가 지방에 출장을 다녀오는 길에 어느 목장을 방문하게 되었다. 주인이 차 한 잔을 대접하며 마주 앉게 되었다. 여러 얘기를 나누다가 컨설턴트가 말했다.

"사장님, 제가 여기서 키우는 양이 몇 마리인지 맞혀볼까요? 제가 맞히면 저한테 양 한 마리를 주시겠습니까?"

목장 주인은 맞히기 어려울 거라고 생각하며 대답했다.

"그렇게 하지요."

컨설턴트가 노트북을 열심히 두드리더니 말했다.

"모두 2,551마리입니다."

이 말을 듣고 주인은 깜짝 놀랐다.

"아니, 그것을 어떻게 알았습니까?"

"약속을 했으니 양 한 마리를 주시지요."

주인은 어쩔 수 없이 한 마리를 내주면서 말했다.

"좋아요, 그럼 제가 당신의 직업을 맞힐 테니, 제가 맞히면 다시 돌려주시겠습니까?"

"좋습니다."

목장 주인이 말했다.

"당신은 컨설턴트입니다."

"아니, 그것을 어떻게 아셨나요?"

목장 주인이 말했다.

"첫째, 당신은 내가 부르지도 않았는데 찾아왔어요. 둘째, 당신은 내가 알고 있는 답을 말해줬어요. 셋째, (동물을 가리키며) 당신은 아직도 이게 뭔지 모릅니다. 이것은 양이 아니라 염소예요."

미국에서 유행하는 유머인데 기업의 문제점에 대해 모든 것을 잘 아는 것처럼 행동하는 컨설턴트를 간접적으로 조롱하는 풍자다.

경영컨설턴트 사이에 공유하는 위트가 있다.

'문제가 아닌 것을 문제로 보는 것이 컨설턴트다.'

27 멋진 남자

성인들 대상으로 학점은행 수업을 할 때의 일이다.

이 수업은 토요일 아침부터 온종일 진행되었는데 항상 수업 시작 1시간 전에 와서 준비하는 자영업 사장이 있었다. 60살이 넘은 최고령자였는데 출석뿐만 아니라 수업에 대한 열정 또한 뜨거워서 학생들의 모범이 되었다.

어느 날 첫 시간 수업 전에 그분을 앞으로 불러내서 칭찬해 주었다.

"멋있는 남자를 잡아오라면 박 사장님은 지명수배감이에요."

학생들이 와 하고 함성을 지르자 그분은 멋쩍어하면서도 기분이 좋아 보였다.

그러고는 한마디했다.

"지금까지 학교에서 공부하면서 칭찬을 처음 받아봅니다. 오늘 점심은 제가 쏘겠습니다."

힘찬 박수 소리와 함께 수업이 진행되었고, 그날 점심은 김치찌개를 함께 먹으면서 모든 학생이 즐거운 시간을 보낼 수 있었다.

28 싱가포르 여행

10여 년 전의 일이다. 필자는 광주의 한 간호대학 교수 일행과 그 외 대학교 교수 등 남녀 15명을 인솔하여 싱가포르로 대학 벤치마킹 연수를 갔다.

싱가포르국립대, 난양공과대, 싱가포르산업대 등을 방문했는데, 주요 목적은 학사관리와 산학연계 대학행정시스템 등 학교 운영의 전반적인 것들을 벤치마킹하는 것이었다.

연수 방문을 마치고 하루는 센토사 섬을 관광하게 되었다. 정해진 시간에 호텔 로비에서 만나기로 했는데 약속 시간이 30분이나 지났는데도 여교수 한 분이 방에서 내려오지 않았다.

그분은 50대 여교수였다. 같은 방을 사용하는 교수가 "화장을 하느라 늦는 것 같다"고 했다.

그래서 내가 말했다.

"50대는 화장이 아니고 변장이지요."

우리가 웃는 사이에 그 여교수가 방에서 내려왔고 우리는 즐거운 마음으로 관광지로 출발했다.

또 다른 이야기.

같은 여행에서 모 대학의 부총장이 함께했는데 그는 자기 학교 교수 한 명을 동행하여 둘이서만 자주 어울리고 전체 일행과는 거리를 두고 있었다. 인솔자였던 나는 마음속으로 불편함이 있었는데 버스로 이동하면서 이름을 3행시로 풍자하는 게임을 하게 되었다.

모두 재미나게 풀어나갔는데 그 부총장 순서에서 멈추게 되었다. 분위기가 서먹해지자 내가 마이크를 잡았다.

"자, 부총장님은 제가 할 테니 운을 띄워주세요. 이름은 '진우정'입니다."

진!: 진짜 미남이십니다.
우!: 우리 여성들의 우상이죠.
정!: 정말 거짓말하기도 힘드네….

와~~ 하는 함성과 함께 박수가 터져 나왔다.

29 천국과 지옥

서울대 법대에서 주관한 '노사관계 전문과정'을 약 4개월 동안 수강한 일이 있다. 수강생들이 주로 판사, 검사, 변호사, 각 기업 인사·노무 담당 임원들이어서 수준 높은 과정이었다.

과정이 끝날 무렵 마지막 주에는 속리산으로 MT 겸 문장대 정상까지 등반하고 저녁에는 회식이 진행되었다.

여흥이 시작되자 조별로 한 사람씩 나와서 재미있는 유머를 하는 자리가 마련되었다. 우리 조에서는 내가 나가서 유머를 소개하였다.

천국과 지옥 사이에는 울타리가 있다. 그런데 밤만 되면 지옥 사람들이 월담을 하여 천국으로 넘어오느라 아침에 보면 울타리가 천국 방향으로 넘어져 있었다. 천국을 지키는 경비들이 울타리를 일으켜 세우느라 아침마다 고생했다.

어느 날 천국 경비들이 지옥 경비들에게 호통을 쳤다.

"야, 지옥 사람들 때문에 울타리가 우리 쪽으로 넘어져 있으니 너희들이 일으켜 세워라. 그렇지 않으면 법대로 할 거다."

그러자 지옥 경비들이 말했다.

"법대로 할 테면 해봐. 유능한 검사, 판사, 변호사 모두 지옥에 있으니까."

30 개그맨의 장수 비결

몇 년 전에 인증심사를 전문적으로 하는 공공기관에서 진행하는 조찬회에 참석한 일이 있다. 소공동 조선호텔에서 개최되었는데, 초청 강사가 80년대에 가장 인기가 있었던 개그맨 김병조 씨였다. 그 당시에 MBC 〈일요일 밤의 대행진〉은 인기가 대단했다. 그러나 갑자기 방송 출연이 정지되어 그분을 TV에서 볼 수 없었다.

그날 조찬회를 마치고 시청에서 지하철을 탔다. 그런데 우연히 김병조 씨와 함께 앉게 되었고 가는 방향이 같아서 40여 분 동안 대화를 나누었다.

1987년 6월 10일 민정당 전당대회가 장충체육관에서 개최되었다. 그때 김병조 씨가 사회자로 선택받았다고 한다. 진행 원고를 모두 당에서 작성하여 그는 원고를 읽는 역할만 했다. 그때 여당은 민정당, 야당은 통일민주당이었는데 그가 멘트한 것이 문제가 되었다고 한다.

"민정당은 국민에게 정을 주는 정당, 통일민주당은 고통을 주는 정당이다."라고 한 것이 화근이 되었다. 6월 29일에 민주화 선언이 이루어지면서 자신이 했던 멘트가 문제가 되어 출연을 금지당한 것이다.

그 후에 그는 불러주는 곳이 없어 고향(전남 장성)으로 낙향하여 괴로운 나날을 보내게 되었다. 다행히 조선대 사회교육원에서 '명심보감' 강좌 개설을 요청하여 강의를 하고 있으며, 그것이 인연이 되어 현재는 전국적으로 강의를 다니는 인기 강사가 되었다고 한다. 그 당시에 방송에서 활동하던 친구들은 지금 모두 어려운 생활을 하는데 자신은 전화위복이 되어 지금은 행복하다고 말했다.

그러면서 그는 과거부터 지금까지 '활동 원칙 3가지'를 철저히 준수하여 지키고 있다고 했다. 과거 인기 개그맨 때 방송국 출연료가 30만 원이었는데 밤업소에서 300만 원을 준다고 했지만 한 번도 출연을 하지 않았다고 한다.

첫째, 밤업소 출입 금지
둘째, 술, 담배 금지
셋째, 고급승용차 구입 금지

현재도 인기 강사로 활동하는 그를 마음속으로 응원하며 종착역에서 명함을 교환하고 헤어졌다.

31 사람의 가치

경주에서 자동차 부품을 생산하는 중소기업에 경영 지도를 한 일이 있다. 간단한 컨설팅을 겸한 지도였는데 직원들의 인사고과에 관한 내용이었다. 현재 시행하고 있는 인사고과제도가 공정성이 확보되지 않아 직원들의 불만이 있으니 개선이 필요하다고 했다.

2주 동안 진단한 결과, 평가 방법이 절대평가라서 대부분 관리자들은 후한 점수를 주어 A등급이 85%, B등급이 15%가 부여됨으로써 인건비가 증가하는 문제점을 안고 있었다. 여러 가지 분석과 미팅을 한 결과, 부서 간 편차 해소와 공정성을 확보하기 위해서는 상대평가가 필요했다.

컨설팅을 마무리하고 임원과 보직자들의 평가에 관하여 보고회를 갖기로 했는데 고민이 생겼다. 대부분의 평가자들이 현재처럼 절대평가를 선호했기 때문이다. 평가자들은 회사 인건비보다 직원들에게 불만을 듣는 게 더 싫다고 했다.

최종보고회를 하는 날이었다. 분명히 대부분의 관리자들한테 질문과 공격이 올 텐데 무슨 논리로 방어해야 하나 고민하느라 머리가 무거웠다. 최종 발표를 하기 전 화장실에 갔는데 무심코 거기에 붙어있는 '오늘의 명언'이 눈에 번쩍 띄었다.

> 사람의 가치는 타인과의 관계에 의해서만 평가될 수 있다.
>
> \- 니체

최종보고회 때 상대평가의 필요성을 언급했고, 관리자들의 공격적 질문을 이 문구로 설득하여 보고회를 무사히 마칠 수 있었다.

32 정량만 먹으면 돼

후방에서 신병훈련을 마치고 춘천의 소양강 댐 근처 103보충대에서 3주간 추가훈련을 받은 후 자대 배치를 받았다. 영하 15도의 12월에 막내 졸병으로 자대에 가니 모든 것이 낯설었는데 특히 추위와 허기가 참기 힘들었다.

한번은 고참 병사가 남긴 밥을 너무 배가 고파서 몰래 가져와 먹었다. 그것을 본 사수가 다음 날 식권을 주면서 더 먹으라고 했다. 식당에서 한 그릇을 더 먹고 나니 살 것 같았다. 그런데 2시간쯤 지나자 배탈이 났다.

몇 시간을 억지로 참다가 너무 힘들어 의무실로 갈 수밖에 없었다. 군의관이 체한 것 같다면서 주사를 놓고 약을 주었다. 그러면서 한마디했다.

"군대에서는 정량만 먹으면 돼."

군의관이 살짝 웃으며 말하는데 스스로 초라함이 느껴졌다. 정신이 번쩍 들었다.

이 일로 조직에서는 기본 매뉴얼을 지키는 것이 중요함을 깨달았다.

33 불침번

지방으로 국책사업 평가를 갔을 때의 일이다. 5명의 평가위원이 하루 업무를 마치고 숙소인 호텔로 갔다. 3명은 5층, 그리고 나와 S대학 여교수는 4층으로 방 배정을 받았다. 동료 교수들의 농담을 뒤로하고 숙소로 들어가 잠이 들었다.

다음 날 아침, 평가 장소로 출근하여 커피타임을 즐기면서 아침 인사를 주고받았다. 그때 한 교수가 나에게 말했다.

"어제 잘 주무셨나요?"

"아뇨, A교수 방에 괴한이 침입할까 봐 감시하느라 한숨도 못 잤어요."

내가 이렇게 말하자 평가위원들이 모두 유쾌하게 웃었다. 즐거운 마음으로 차 한 잔 마신 후 평가에 임할 수 있었다.

34 채용 면접

어느 회사에서 경력사원 1명을 채용하기로 했는데 최종 사장 면접에는 3명이 남게 되었다.

사장은 한 명씩 면접을 보며 똑같은 질문을 했다.

"당신이 우리 회사 구매부서로 발령받았다고 가정하고 질문할게요. 만일 납품업체에서 추석 때 100만 원을 명절 떡값으로 준다면 어떻게 하겠습니까?"

A: 그것은 뇌물이기 때문에 절대로 받아서는 안 됩니다.

B: 저는 받아서 부서 직원들 회식비로 쓰겠습니다.

C: (갑자기 사장에게 다가가더니 귀에 대고 말했다.)

"사장님, 어떻게 하면 좋겠습니까?"

사장은 C를 최종합격자로 결정했다. 이것은 위트다.

35 스승의 날 선물

오래전에 학부생들을 대상으로 수업할 때 있었던 일이다.

3시간 수업을 마치고 교실을 나서려는데 반장 학생이 "교수님, 잠깐만요" 하더니 무언가를 들고 앞으로 나왔다.

"오늘이 스승의 날이라 저희가 조그만 선물을 준비했습니다."

박수 소리와 함께 선물을 주는데 넥타이 같았다. 학생들의 축하 글과 수업 소감 등을 코팅한 것도 함께 받았다.

그런데 선물만 받고 나오기가 민망하여 순간적으로 머리를 스치는 위트가 생각나서 말해주었다.

어느 초등학교에서 선생님이 학생들에게 선물을 받고 질문을 했다.

"여러분, 다른 사람한테 선물을 받으면 뭐라고 해야 할까요? 맨 끝 글자가 '다'로 끝납니다."

그러자 학생들이 "고맙습니다", "감사합니다"라고 인사해야 한다고 의견들을 말했다. 선생님이 "다른 의견은 없나요?"라고 묻자, 평소에 말이 별로 없던 학생이 손을 들고 말했다.

"뭘 이런 걸 다…."

학생들의 함성과 함께 박수 소리가 퍼져나갔다.

36 과대평가

임금 관련 수업 중에 내가 학생들에게 질문했다.

"만일 신입사원으로 입사하면 연봉을 얼마쯤 받고 싶은가요?"

대부분 학생들은 3,000만 원에서 5,000만 원 정도의 의견들이 많았다. 다른 의견은 없냐고 했더니 평소에 본인을 좀 과장하는 학생이 큰 소리로 말했다.

"저는 1억은 받아야 합니다."

다른 학생들이 놀라는 표정이었는데, 그 학생은 당당한 모습이었다.

내가 조용히 그 학생 옆으로 다가가서 잠시 서 있자 학생들의 시선이 집중되었다.

"얼마라고요?"

"네, 1억입니다."

"본인을 과대평가하면 정리해고 대상입니다."

학생들이 한바탕 웃음을 터뜨렸는데, 나는 그 학생이 민망해할까 봐 "젊은이는 야망를 가져야 합니다"라고 두둔해 주었다.

37 교수의 지혜

경영학과 학생 두 명이 기말고사를 앞두고 지방의 선배 결혼식에 참석했다. 뒷풀이를 하면서 모두 술에 취해 곯아떨어지고 말았다.

이튿날 잠이 깨어 허겁지겁 올라왔지만 이미 시험은 끝난 후였다. 이들은 교수를 찾아가서 사정을 설명했다.

"선배 결혼식에 참석했다 올라오는 길에 승용차 타이어가 터졌고 그러다 보니 시험 시간에 늦었습니다."

술에 취해 늦잠을 잤다는 얘기를 차마 할 수가 없어서 거짓말을 했다.

교수는 곰곰이 생각하고 다음 날 재시험을 약속했다.

두 학생은 밤새워 공부하고 시험 보는 교실에 갔다. 교수는 두 사람을 양쪽에 분리해서 앉힌 후 문제지를 나누어 주었다.

1번 문제는 경영학의 정의(10점)였다.

두 학생은 문제가 쉬워서 답안지에 곧바로 적었다.

그런데 다음 장의 2번 문제를 펼치는 순간 깜짝 놀랐다. 전혀 예상하지 못한 문제가 출제되었기 때문이다.

'어느 쪽 타이어였지?'(90점)

2장

명사들의 위트 넘치는 지혜

••••••••

각 분야에서 성공한 국내외 유명 인사들의 위트와
교훈적 사례를 소개한다.

그들은 공통적으로 사람들과 감정을 공유하고 소통하는 데
적절한 유머와 위트를 사용하여 관계를 부드럽게
이끌어가는 능력이 있다.

현대사회의 젊은이들은 이성보다
감성을 겸비한 리더를 좋아하는데,
그들과 적절히 주고받는 위트는 꼰대 문화를 벗어나
소통할 수 있는 좋은 무기로 작용한다.

유머는 들으면 웃기지만 위트에는 촌철살인이 있다.
위트란 말을 재치 있고 능란하게 구사하는 능력으로
여유와 지적 자신감을 모두 갖춘 사람만이 할 수 있다.

01 김옥길 金玉吉

전 이화여대 총장, 1921-1990

1961년부터 1979년까지 18년간 이화여자대학교 총장을
역임하면서 현재의 이화여대 발전에 큰 역할을 하였다.
총장 퇴임 후 교육부장관에 발탁되어
특유의 민주적이고 비관료적 행정으로 학원자율화에 기여했다.
연세대 김동길 교수의 누님으로 평생 동지애를 갖고
함께 국가와 사회를 위해 봉사하는 마음으로 인생을 살았다.

장관 퇴임 후에는 김동길 교수가 선물한 문경새재 신선봉 기슭의
고사리 마을에서 텃밭을 가꾸며 자연과 함께
유유자적하며 전원생활을 즐겼다.
임종이 가까워지자 모든 재산을 이화여대에 기부하고
조용히 세상과 이별한다.
그의 평전으로 《자유와 날개》가 있으며,
서울특별시 서대문구에 '김옥길기념관'이 있다.

관람료를 내시오

김옥길 총장은 재임 중 이화여대 병원에서 늑막에 관을 넣는 수술을 하는데 옷을 다 벗은 상태였고, 의료진은 긴장하면서 장시간 수술을 마쳤다. 고요한 침묵 가운데 의료진이 김 총장을 지켜보고 있었다. 마취에서 깨어난 김 총장은 자신을 에워싸고 있는 의료진을 향해 인자한 미소를 지으며 한마디를 건넸다.

"내 누드를 보았으니 관람료를 내시오."

적막감이 흐르던 수술실에 박장대소가 터지고 의료진은 긴장감에서 벗어나 존경스럽게 김 총장을 바라볼 수 있었다.

* 이 위트는 김옥길 총장의 제자로 이화여대 병원 의료원장을 지낸 이순남 교수가 〈교수신문〉에 투고한 글을 인용했다(교수신문, 2019.02.14).

❖

김옥길 총장은 평생을 독신으로 지냈지만 수많은 동료 및 제자들과 신앙을 바탕으로 인간적 교류와 신뢰 관계를 유지하며 외로움 없이 인생을 보람있게 살았다. 많은 사람이 회고록을 쓰라고 독려했지만 "잘못한 것은 빼고 잘한 것만 생각나서 가치 있는 회고록이 될 것 같지 않다."면서 끝내 사양한다.

사회적으로 명성이 높은 사람일수록 자신의 약점을 감추거나 과대 포장하는 경향으로 권위를 지키려고 한다. 그러나 김옥길 총장은 이러한 권위의식을 버리고 주변 사람들을 대함으로써 어렵지 않게 다가갈 수 있었다.

비록 수술이지만 제자들인 의료진에게 자신의 알몸을 보여주는 것은 민망한 일이었을 것이다. 그런데도 김 총장은 전혀 내색 없이 오히려 긴장하고 있는 의료진을 향해 분위기를 반전시키는 촌철살인 위트를 구사하여 더욱 존경하게 만들었다. 이것이 위트의 매력이다.

02 조동필 趙東弼

전 고려대학교 교수, 1919-2001

고려대학교에서 경제학을 가르친 조동필 교수는
한국 경제사와 후진국 경제개발론 분야의 권위자이다.
호걸풍의 외모에 가끔 한복을 입고 강의하는 모습이
학생들에게 단연 인기를 끌었는데….
1960년대부터 경기도 안성 공도에 조그만 과수원을 갖춘
집을 짓고 서울로 출퇴근하는 낭만적인 교수였다.

1950~1960년대 한국 경제학의 이론적 발판을 다지는 데
기여했고, 장관 입각 제의도 거절하고 평생 교수의 길을 걸으며
후학을 양성하는데 힘쓴다.
걸출한 입담과 해학이 뛰어나 학생들은 물론
기업의 초청 강연에서도 인기가 대단하였다.
시골에서 아욱국을 즐기는 소박한 자연 속의 생활이
행복의 비결이라고 하며, 자신의 호도 남촌(南村)이라 하였는데
사후에 그의 제자들이 '남촌장학회'를 설립하여
인재 양성에 기여하고 있다.

사랑의 브레이크

필자가 학부 시절이었다. 어느 날 첫 시간에 '한국경제론' 수업이 있었는데 교수님이 수업을 시작하기 전에 허허 웃으시면서 말씀하셨다.

"너희들 오늘 아침 신문 봤니? 신문을 보니까 어젯밤에 젊은 남녀가 철길 위에 앉아서 데이트하다가 기차에 치여서 죽었대."

우리는 놀란 표정으로 교수님을 바라보았는데, 이어서 하시는 말씀이 히트였다.

"기차는 급하면 브레이크라도 밟는데 사랑은 불붙으면 브레이크도 없단다."

죽음이라는 단어를 듣고 분위기가 약간 위축되었으나 교수님의 위트에 압도되어 웃음이 터져 나올 수밖에 없었다.

❖

조동필 교수는 명절 때마다 고기를 사서 이웃들에게 한 근씩 선물했는데 시골 동네 주민들 사이에서는 인심 좋은 교수님으로 통했다.

때로는 나쁜 사람들이 집에서 키우는 닭을 몰래 잡아가기도 했는데, 그때마다 화를 내기는커녕 "내가 경제학 교수인 줄 알고 소득 재분배를 몸소 실천한다."라며 웃어넘겼다.

퇴근 시 승용차가 집 근처에 도착할 때면 사모님과 강아지 세 마리가 집 앞에 일렬로 서서 맞이하는데 그때 가장 큰 행복을 느낀다고 자랑하였다.

❖

조동필 교수는 수업 중에 항상 강조하는 내용이 있었다. 애덤 스미스(Adam Smith)의 "허영심을 자제할 줄 모르는 자유방임에는 '보이지 않는 손'이 작용하지 않는다."라고 했고, 존 케인스(John Keynes)의 "도덕이 결여된 이익 우선의 자본주의는 국민경제를 위태롭게 한다."라고 강조했다. 향후 경제발전에 따라 우리나라 국민의 빈부 양극화 현상이 심화될 것이라고 자주 경고하곤 하였다.

03 김형석 金亨錫

전 연세대학교 교수, 1920-

평남 대동 출신으로 25살에 광복을 맞이했으나
공산주의에 회의를 느끼고 1947년 월남하여
약 30여 년 동안 연세대 철학과 교수로 재직하였다.

전후시대 사랑과 행복을 철학적으로 고찰하고
현대 젊은이들의 실존적 상처를 어루만지며 위로했다는 평가를 받는
현재 103세의 우리나라 최고령 철학자이다.

《고독이라는 병》, 《영원과 사랑의 대화》 등 약 120권의 저서를
출간했으며, 2016년 발간한 《백년을 살아보니》가
많은 독자의 사랑을 받아 베스트셀러가 되었다.

100세가 넘은 연세에도 매주 3~4회씩 강의를 다니시며
건강하고 행복하게 살아가는 인생의 나침반 역할을 하고 계신다.

여자 친구들이 모두 떠났어요

어느 날, 한 방송에 출연하여 '행복한 인생을 살아가는 법'이라는 주제로 1시간 동안 강의를 마치자 사회자가 질문했다.

"오랫동안 병간호를 하신 사모님을 천국으로 먼저 보내시고 혼자 생활하시는데 외롭지 않으세요?"

"평소에는 못 느끼는데 강의하고 저녁 늦게 집에 들어가서 불을 켤 때 어둠 속에서 밀려오는 외로움을 느끼곤 하지요."

"그러시면 애인을 사귀는 것도 괜찮을 것 같은데요?"

"그러고 싶은데 100살이 되자 매스컴들이 앞다투어 나에 관해 보도하는 바람에 그나마 몇 남아있던 여자 친구들이 모두 떠났어요."

이 말을 듣고 많은 패널과 방청객들이 폭소와 함께 기립하여 존경의 박수를 보내주었다.

❖

"올해 연세가 어떻게 되시죠?"

"자녀들이 나에게 어디 가서 나이를 물어보면 얘기하지 말라고 해요. 그래도 자꾸 물어보면 60은 넘었다고 하지요."

❖

김형석 교수가 일본 조치대학(上智大學)에서 유학할 때 김수환 추기경은 그의 2년 후배였다. 기자가 그 당시 찍은 단체 사진을 보여주며 김수환 추기경보다 더 미남이었다고 하자, 김형석 교수는 살며시 웃으며 위트로 대신했다.

"내가 미남이 아니고 김수환이 잘 생기지 못했지요."

❖

어느 날, 김형석 교수는 경제적으로 크게 성공한 친구의 고급승용차를 함께 타고 가다 말했다.

"공부는 내가 더 잘했는데 돈은 네가 더 벌었구나. 세상 참 불공평하네."

그러자 친구가 말했다.

"그럼 네 지식과 내 자가용을 바꾸자."

그 말을 듣고 김형석 교수가 말했다.

"네 전 재산을 주어도 안 바꾼다."

❖

그는 자신의 인생을 되돌아보니 가장 좋은 시절은 정년퇴직을 한 65세부터 75세까지였다고 했다. 왜냐하면 조직에 구속되지 않고 경제적, 시간적으로 안정되어 자신이 하고 싶은 것들을 마음대로 할 수 있었기 때문이다.

김형석 교수는 40여 년간 수영을 꾸준히 한 규칙적인 생활, 그리고 물질적 욕심을 버리고 남을 욕하지 않는 것이 장수의 비결이라고 했다.

젊은이들에게는 "사랑과 희망이 있는 고생은 행복하다."라고 하시면서 현실의 고달픔을 너무 부정적으로 생각하지 말고 긍정적으로 받아들일 것을 권고하셨다.

04 김수환 金壽煥

한국 최초의 추기경, 1922-2009

대구에서 출생하여 1951년 사제서품(신부)을 받았으며
1969년 46세의 젊은 나이에
교황 바오로 6세에 의해 한국 최초의 추기경이 되었다.
우리나라 천주교 최고 위치의 성직자로 재임 중
국가통치자들에게는 쓴 소리를 마다하지 않고
어렵고 힘든 사람들 편에서 언제나 기둥이 되어 주었다.

법정 스님과 상호교류하며
길상사와 명동성당에서 교차 강의를 하는 등 파격적인 언행으로
갈등의 골이 깊은 종교적 화해를 이루려고 부단히 노력했다.
웃음은 만병의 예방약이고 치료약이며 항상 젊음을 유지하는
비결이라고 하면서 자주 유머와 위트를 구사하였다.
신도들과 대화할 때나 모임에서
추기경이라는 권위를 벗어나 인간적으로 다가가는
노력을 게을리하지 않았다.

내가 가장 잘하는 말

김수환 추기경이 일행과 함께 설악산 오색약수터 계곡을 등산했다. 산에서 마주친 젊은 여성이 "김수환 추기경님을 많이 닮으셨네요?" 하자 추기경은 "그런 말 종종 듣습니다."라고 웃으며 답했다. 등산을 함께한 일행은 추기경이 전혀 아닌 척 연기하는 것을 보고 한바탕 웃음바다가 되었다.

❖

한 가톨릭 신자가 김수환 추기경에게 질문했다.

"추기경님은 여러 나라 말을 잘하신다고 들었는데 어떤 말을 가장 잘하시는지요?"

그러자 추기경은 재치 있게 대답했다.

"내가 가장 잘하는 말은 거짓말이야."

❖

또한 시중에 이런 유머도 있다.

어느 날, 김수환 추기경이 보육원을 방문하기로 했다. 그래서 보육원 원장은 원생들을 모아놓고 교육했는데, 맨 앞줄에 앉은 아이에게 "만일 추기경님이 오셔서 너는 누가 만들었느냐?"라고 물으시면 "하느님이 만드셨어요."라고 대답하라고 알려주었다.

얼마 안 되어 김수환 추기경이 보육원을 방문했다. 그런데 하필 교육받은 아이가 화장실에 가고 그 자리에 없어서 다음 줄에 앉은 학생이 질문을 받게 되었다. 원장은 당황하여 그 아이에게 '하느님, 하느님'이라고 귀띔해주었는데 그 아이는 이렇게 말했다.

"하느님이 만든 애는 화장실에 갔어요."

❖

추기경이 선종하자 그를 추모하기 위한 인파가 약 1km 이어졌는데 장례 기간 동안 무려 40여만 명이 명동성당을 찾아 그를 추모했다.

그는 항상 "사랑이 머리에서 가슴으로 내려오는 데 70년이 걸렸다."라며 '생각이 아닌 사랑의 실천'을 강조하였다.

또한 추기경은 다음과 같은 말씀으로 인생의 교훈을 남겨주었다.

"TV와 휴대폰에 빠져 많은 시간을 허비하지 마라. 술에 취하면 정신을 잃고 마약에 취하면 이성을 잃지만, TV와 휴대폰에 취하면 모든 것이 마비된다."

05 홍문화 洪文和

전 서울대학교 약학대학 학장, 1916-2007

평남 안주 출신으로 국내 약사면허 1호 보유자이며
국내 제1호 약학박사이다.
약사뿐 아니라 의사면허도 보유했지만
평생 약학 분야에서 활동했다.
서울대에서 약학을 전공하고 미국 퍼듀대학교로 유학 후
모교로 돌아와 약학대학 학장,
대한약사회장과 국립보건연구원장을 역임했다.

우리나라의 지성을 대표하는 유명인이었지만
평생을 개인 자가용 없이 대중교통을 이용하여
건강 관련 특강을 다녔다.
사회적 명성이 자자했지만 소박한 생활을 하며
93세까지 장수하고 세상을 떠났다.

같은 선물을 해야 돼

해마다 여름 휴가철이면 전국의 명승지에서 휴가를 겸한 경영자 세미나가 개최되었는데 대부분 부부 동반으로, 약 200여 가족 400여 명이 참석했다.

경영자 세미나에는 건강관리 특강 강사로 홍문화 박사가 빠놓지 않고 초청되었다. 홍 박사는 강의가 끝나면 항상 선물 코너에서 그 당시 1~2만 원 정도의 액세서리 선물을 샀다. 이상한 점은 똑같은 것을 2개씩 구입하는 것이었다.

그래서 필자는 누구에게 선물할 거냐고 여쭈어보았다. 박사님은 결혼한 아들과 함께 산다고 하시면서 하나는 사모님, 또 하나는 며느리에게 줄 거라고 하셨다. 사모님 것을 좀 더 좋은 것으로 선물해야 하는 것 아니냐고 여쭈니 박사님은 웃으시면서 말씀하셨다.

"금액이 문제가 아니고 여자들은 같은 선물을 해야 해. 그렇지 않으면 샘을 부리거든."

이렇게 말씀하시는 홍 박사님의 웃는 모습이 소년다웠다. 의외의 말씀을 듣고 나는 물끄러미 박사님을 바라보았다. 한 나라를 대표하는 지식인도 가정 문제의 해법에는 일반시민들과 다를 바가 없다고 생각했고 한편으로는 위안이 되었다.

❖

홍 박사님은 80이 넘어서도 대중교통을 이용하여 전국에 강의를 다니셨는데 박사님의 건강 비결은 매우 간단했다.

첫째, 많이 걸어라. 지하철 두 정거장 정도의 거리는 항상 걸어라.
둘째, 과식·과음을 하지 말고 금연하라.
셋째, 제철 과일을 섭취하고 편식하지 마라.

06 김선홍 金善弘

전 기아그룹 회장, 1932-

전북 익산 출신으로 서울대학교 공과대학을 졸업했다.
1958년에 기아산업 공채 1기 신입사원으로 출발하여
기아그룹 회장까지 승진하는 등
샐러리맨의 기적을 창조한 자동차 업계의 산증인이다.
1981년 기아산업 사장으로 취임해
적자에 허덕이던 기아를
봉고 신화로 일으켜 세운 것으로 유명하다.
그러한 공로로 1986년 기아그룹 회장이 되었다.

그는 명예의 상징인 대그룹 회장이라는 직함 대신
대표사원으로 불리기를 원할 만큼
소탈하고 서민적인 분위기를 좋아했으며
유머와 위트가 풍부했다.
자서전《이대로 멈출 수는 없다》는
오랫동안 베스트셀러가 되었다.

어느 회사 차가 좋은가요?

한국표준협회(KSA) 주최로 400여 명의 CEO들이 제주도 서귀포에서 중요한 세미나를 개최할 때 필자는 세미나 진행을 맡고 있었다.

그 당시에 김선홍 회장은 기아그룹 회장이면서 비상임으로 KSA 회장을 겸직하고 있었는데 첫 시간에 회장의 인사말 겸 특강이 예정되어 있었다.

제주공항에는 회장을 픽업하기 위해 두 대의 엔터프라이즈(당시 기아의 최고급 승용차)가 대기했다. 한 대는 호텔에서, 또 한 대는 기아자동차 제주지역본부에서 보낸 차였다. 비행기가 도착하고 김선홍 회장이 등장하자 이들은 서로 자기 차로 모시겠다고 경쟁했다. 이를 보고 김 회장은 가볍게 웃으면서 말했다.

"오늘은 내가 체험학습을 할 테니 그냥 돌아가세요."

그러고는 수행한 비서에게 기아 차종의 택시를 부르라고 지시했다. 비서와 함께 서귀포 프린스호텔까지 이동 중 약 50분 동안 회장은 택시 기사와 자동차를 주제로 대화를 주고받았다. 물론 신분은 밝히지 않고.

"기아차네요. 기아차가 현대차보다 고장이 많은가요? A/S는 어떻습니까? 승차감은요?"

김 회장은 자동차에 관심이 많은 손님으로 가장하여 기사와 승차감, A/S 등의 의견을 나누었다. 그때 옆에 있는 비서는 중요한 내용들을 머릿속에 열심히 입력했다. 김 회장은 목적지에 도착하면 택시에서 내리면서 "많이 공부했습니다. 고맙습니다."라는 인사를 잊지 않았고 요금을 갑절로 지급했다.

김 회장은 이런 방법으로 현장 체험을 한 후에 그룹 임원 회의에서 문제점을 제시하고 개선을 요구하곤 했다. 평범한 소비자들과 농담과 위트를 주고받으며 경영 아이디어를 수집하는 등 남다른 경영 리더십이 있었다.

❖

한번은 김선홍 회장이 탄 차가 경인고속도로를 달리는데 앞서가는 기아 트럭이 매연을 내뿜으며 달리고 있는 것을 보았다. 김 회장은 기사에게 트럭을 앞질러 갓길에 세우라고 지시했다. 트럭 기사에게 이유를 물으니 "돈이 없어서 수리를 못 하고 있어요."라고 대답했다. 그 얘기를 듣고 김 회장은 그 차를 새 차로 바꿔 주었다.

❖

그의 자서전《이대로 멈출 수는 없다》에 보면 이런 내용이 있다.

'신체적으로 허약체질이었던 내가 결혼 후 지금까지 건강을 유지할 수 있었던 비결이 하나 있다. 아내는 한 번도 찬밥을 상에 올린 적이 없다. 항상 새로 지은 밥을 주었는데 그 정성이 나의 건강을 지켜주었다고 믿는다.

또한 아내는 불편함이 없다며 소형 흰색 프라이드를 8년 동안 타고 다녔다.

"명색이 내가 자동차회사 회장인데 마누라가 차를 오래 타고 다니면 누가 새 차를 타고 싶겠소."라고 하소연하여 겨우 차를 바꾸게 되었다.'

07 김홍신 金洪信

작가, 1947-

충남 공주 출신으로 1976년 현대문학에 〈물살〉로 등단하였다.
1981년 《인간시장》을 출간하여 지금까지 약 600만 권을
판매함으로써 국내 출판 사상 최고의 베스트셀러로 인정받고 있다.
2019년에는 후배의 후원으로 논산에 '김홍신 문학관'이 건립되었다.
건국대학교에서 문학박사 학위를 취득하고
2009년에는 한민족 대상을 받았으며
한때 국회의원으로 정치활동을 했으나 매력을 느끼지 못하고
문학계로 회귀했다.
현재는 집필활동에 전념하며
서민들의 애환을 그리는 작품 활동을 하고 있는데
토속적인 언어로 인간의 삶을 풍자하는 글을 쓰고 있다.

같이 한번 살아보세요

경주에서 기업체 대표들의 연수가 개최되었는데 김홍신 작가는 항상 이 세미나의 단골강사로 초청되었다. 대부분의 경영자 관련 세미나는 분위기가 엄숙하여 진행 시 어려움이 많은데, 첫 시간에 그를 강사로 활용하면 이러한 무거운 분위기를 반전시켜 주는 매력이 있었다. 그때 그가 사용했던 유머를 하나 소개한다.

어느 마을에 행상(行喪)이 지나가고 있었다. 그런데 상주들이 여자는 없고 남자들만 약 20명이 상여 뒤를 줄지어 따라갔다. 이를 이상히 여긴 행인이 사납게 생긴 개 한 마리를 끌고 가는 상주에게 가서 작은 소리로 물어보았다.

"누가 죽었기에 이렇게 많은 남자 상주들만 상여 뒤를 따르는 건가요?"

"네, 이 개가 제 마누라를 물어 죽였어요."

그러자 행인은 주변을 살피더니 상주에게 귓속말로 말했다.

"이 개를 저에게 좀 빌려줄 수 있나요?"

그러자 상주는 작은 소리로 말했다.

"그럼 저 뒤로 가서 21번째로 따라오세요."

❖

실화인지 방송용으로 인용한 것인지는 모르지만, 어느 종편에 김홍신 작가가 패널로 출연하여 방청객들을 웃음바다로 만든 일화를 소개한다.

제 아들이 대학을 졸업하고 어느 회사에 취업 면접을 보러 갔습니다. 그런데 그 회사 사장과 저는 잘 아는 사이입니다. 물론 아들은 우리의 관계를 모릅니다.

사장이 제 아들에게 질문했습니다.
"혹시 존경하는 작가가 있나요?"
아들은 주저 없이 대답했습니다.
"예, 저는 최인호 작가를 좋아합니다."
사장이 다시 말했습니다.
"김홍신 작가도 훌륭하지 않나요?"
잠시 망설이더니 아들이 대답했습니다.

"같이 한번 살아보세요."

그렇다. 같이 살아보지 않고는 상대방을 알 수가 없다.

08 조병화 趙炳華

시인, 1921-2003

1949년에 첫 시집《버리고 싶은 유산》을 발표하여
문단에 이름을 알렸다.
고독한 열정을 시로 승화시키는 능력이 탁월했다.
대학에서 물리학을 전공하고,
제물포고교와 서울고 등에서 물리를 가르치는 교사였는데
한국시인협회 회장과 경희대 교수를 역임했다.

학창 시절 럭비선수로 뛰었던 경험을 바탕으로
서울고 재직 시 럭비팀을 만들어 전국체전에서 우승하는 등
스포츠에서도 능력을 발휘하기도 하였다.
조병화 시인은 인생이라는 크고 어려운 주제를
평범한 비유와 소박한 어법으로 노래하여
세상 사람들에게 따뜻한 감동과 위안을 준 휴머니즘 시인이었다.

어머님 심부름

조병화 시인이 어머님을 그리워하며 생전에 써 두었던 묘비명 '꿈의 귀향'은 지금도 많은 사람이 애송하는 글로 남아있다.

나는 어머님 심부름으로
이 세상에 나왔다가
이제 어머님 심부름 다 마치고
어머님께 돌아왔습니다

이 세상을 소풍 왔다고 표현한 천상병 시인이나 어머님 심부름하러 왔다고 표현한 조병화 시인의 해학이 우리 인간의 원초적 본능을 두드리는 느낌이 들어 가슴이 찌르르하다.

약 80~90년 동안의 인생 소풍 기간이 매우 긴 세월 같지만 지나고 보면 한순간의 찰나에 지나지 않는다. 그래서 잠깐 어머님 심부름 나왔다가 다 마치고 어머님께 돌아간다는 표현이 실감 난다.

항상 곁에 있을 것 같았던 어머니가 세상을 떠나고 나면 누구나 느낀다.

'나도 이제 고아로구나.'

09 한명희 韓明熙

전 국립국악원장, 1939-

서울대학교 음대를 졸업하고 1964년 ROTC 2기로 임관하여
비무장지대인 강원도 화천의 백암산 부근에서 소대장으로 복무했다.
전역 후 방송국에서 근무할 때 6·25전쟁 참전 무명용사들의
넋을 기리기 위해 작사한 곡이 비목이다.
뛰어난 시적 감각과 영혼의 숨결이 녹아들어 있는
주옥같은 가사로 국민의 사랑을 가장 많이 받는 가곡이다.

동양방송 음악 PD를 퇴직한 후에
서울시립대 교수와 국립국악원장을 역임하고
현재는 남양주 와부읍 자연 속에서 여생을 보내고 있다.
〈비목〉, 〈기다리는 마음〉, 〈얼굴〉 등 주옥같은 곡들이 그의 작사이며
자랑스러운 ROTC인 상을 받기도 했다.

이름 모를 비목이여

비목(碑木)

초연(硝煙)이 쓸고 간 깊은 계곡 양지 녘에
비바람 긴 세월로 이름 모를 비목이여
먼 고향 초동(樵童) 친구 두고 온 하늘가
그리워 마디마디 이끼 되어 맺혔네

궁노루 산울림 달빛 타고 흐르는 밤
홀로 선 적막감에 울어 지친 비목이여
그 옛날 천진스런 추억은 애달퍼
서러움 알알이 돌이 되어 쌓였네

* 초연: 화약 연기, 초동: 땔감나무 하는 아이, 궁노루: 뿔이 없는 사향노루

한명희 원장은 군대에서 소대장으로 복무할 때 6·25전쟁의 아픔이 남아있는 비무장지대를 순찰할 때마다 마주하는 참전 무명용사들의 돌무덤 위에 나무 십자가로 세워져 녹슨 철모로 덮여있는 비목을 보면서 상념에 잠기곤 했다.

자신과 같은 또래 젊은이들이 조국을 위해 산화한 흔적을 볼 때마다 가슴이 저려오곤 했는데 그는 6·25 때 조국을 위해 산화한 젊은이들의 희생이 잊혀가는 것 같아 안타까운 마음이고, 언제나 그들에게 빚을 지고 있는 느낌이 들어 항상 미안하다고 했다.

〈비목〉은 가곡이라기보다는 한 편의 서정시다.

현재 백암산 기슭에는 '비목공원'이 조성되어 현충일을 전후하여 '비목문화제'가 개최된다. 국내 유일의 6·25 희생자들을 추모하는 문화제이다.

한명희 원장의 꿈은 죽기 전에 한국전쟁의 모든 기록물을 볼 수 있는 '6·25 전쟁문예기념관'을 짓는 것인데, 만약 그 꿈이 실현된다면 현재 거주하는 남양주 땅 2,000평을 기증하겠다고 한다.

그의 애국심이 존경스럽다.

10 유봉식 兪奉植

일본 MK택시 창업자, 1928-2017

경남 남해에서 출생하여 16살 때 일본으로 건너갔다.

1960년 택시 10대로 교토에 미나미 택시회사를 세웠는데

1977년에 가쯔라 택시회사를 인수하여 머리글자를 따서

'MK택시'를 설립하였다.

그는 친절한 택시를 경영이념으로 차별화된 서비스를 추구했다.

'장애인, 임산부 우선'을 강조하며

'기사가 친절하지 않으면 요금을 받지 않습니다.'라는 스티커를

모든 차량에 부착하도록 하였다.

심지어 부녀자들이 늦은 시간에 MK택시를 이용하면

귀가하는 골목길에 헤드라이트를 비춰주는 등

상상을 초월하는 서비스로 시민들 사이에서

1등 택시로 호평을 받았다.

이와 같은 노력으로 〈타임〉 지에 '세계에서 가장 친절한 택시'로

선정되기도 하였다.

자가용이 왜 필요합니까?

1987년 서울올림픽을 1년 앞두고 정부에서는 우리나라 대중교통의 서비스 강화를 위해 MK택시 유봉식 회장을 초청했다. 특별강연을 듣고 한 택시회사 사장이 질문했다.

"세계 제일의 택시회사 회장님이신데 왜 자가용이 없으십니까?"

"MK택시가 모두 제 차인데 자가용이 왜 필요합니까? 그리고 자신이 운영하는 회사의 영업용 택시는 엉망이면서 사장이 최고급 자가용을 타는 것은 경영윤리에 어긋납니다."

그의 말을 듣고 강의장에는 잠시 침묵이 흘렀다.

그 당시 정부에서는 1988년 서울올림픽을 앞두고 우리나라 택시 문화의 혁신을 바랐다. 교통부장관을 통해 택시 500대를 인가해 줄 테니 서울에 와서 영업할 것을 유봉식 회장에게 제의했지만 그는 정중히 거절했다.

❖

그는 세상을 떠나기 2년 전인 2015년에 한국을 방문하여 일본을 이기기 위해서는 감정적인 대응만 할 것이 아니라 실력으로 무장해야 한다며 고려대학교 '일본학연구소'에 20억을 기부하고 깊이 있는 일본 연구를 할 것을 강조하였다.

❖

필자는 우리나라 서비스 경영 정착을 위해 'MK 서비스 벤치마킹 연수프로그램'을 개발하여 여러 차례 연수단을 인솔한 일이 있다. 그때의 경험담 하나를 소개한다.

MK택시 서비스 연수단과 하루 일정을 마치고 저녁에 연수생 몇 명과 교토 시내를 관광했다. 일행은 술도 한잔 하고 호텔로 돌아올 때 의도적으로 MK택시를 선택하여 돌아오게 되었다.

일본 택시는 차 문을 안에서 기사가 자동으로 열어주게 되어 있었다. 그런데 연수생 한 명이 차 문을 열려고 하다가 자동으로 문이 열리는 바람에 얼굴이 부딪혀 안경이 깨지는 일이 발생했다.

기사가 깜짝 놀라 뛰어나오더니 깨진 안경을 보고 죄송하다고 몇 번이고 고개를 숙였다. 그러고는 시내의 비교적 큰 안경점으로 차를 몰고 가서 안경을 새것으로 맞추라고 했다. 안경 값 뿐만 아니라 택시비도 받지 않고 거듭 사과를 하고 돌아가는 모습을 보며 우리는 감동하지 않을 수 없었다.

11 성철 性徹

전 조계종 종정, 1912-1993

스님은 경남 산청에서 대지주의 장남 이영주로 태어나지만
어린 시절에 주변 사람들의 죽음을 보고 인생에 관해 고민하다
25세에 해인사로 출가하여 성철 스님이 된다.
출가 후에는 부모님의 장례에도 참석하지 않을 만큼
사바세계와 완전히 인연을 끊고 고향을 돌아다보지 않았다.
전국의 사찰을 다니면서 참선 공부에 매진했으며
10년 동안 눕지 않고 장좌불와를 하는 등 용맹정진했다.

1981년 신군부 계엄령 하의 법난으로 불교계가 위기에 처했을 때
종정으로 추대되어 10여 년간 불교계를 이끌었다.
1993년 11월 열반하자 30여만 명의 중생들이 해인사를 찾았고
그를 애도하는 인파로 인산인해를 이루었다.
현재 경남 산청에 있는 그의 생가에는 '겁외사'라는 사찰이 세워져
죽어도 죽지 않는 영생불멸의 불교 정신을 중생들에게 보여주고 있다.

절값 3,000원 내놔라

연세대 정외과를 졸업한 젊은이가 출가한 친구가 있는 해인사에 가서 처음으로 성철 스님을 만났다. 그는 스님의 명성을 익히 들어 알고 있었다.

"스님, 평생 교훈이 될 좌우명을 하나만 말씀해주세요."

"그래 그러면 절값 3,000원 내놔라."

청년이 3,000원을 내놓자 성철 스님의 불호령이 떨어졌다.

"야 이놈아, 나는 그런 돈 필요 없다. 절값 3,000원 내놓으란 말이다."

나중에 친구 스님이 말해주었다.

"절값 3,000원은 부처님께 3,000배를 하는 거다."

청년이 오기로 1만 배를 하고 나서 받은 좌우명은 "자신을 속이지 마라."였다. 그 인연으로 청년은 1972년 해인사로 출가하여 성철 스님을 평생 스승으로 모시게 되었는데 그가 원택 스님이다.

❖

1977년 12월 17일, 구마고속도로 개통식이 있던 날 박정희 대통령은 해인사에 들렀다. 당연히 해인사의 최고 어른인 방장, 성철 스님의 영접을 요구해 왔다. 그러나 성철 스님은 다음과 같이 말하며 대통령 영접을 거부한다.

"나는 산에 사는 중인데 대통령 만날 일이 없다 아이가."

성철 스님의 의지가 워낙 강해서 할 수 없이 해인사 주지가 대통령을 영접했다. 성철 스님이 직접 영접했으면 해인사의 여러 현안 문제들을 해결할 수 있었다는 비판도 있었으나 선승들의 지도자로 세속의 최고 권력을 멀리하며 종교적 자존심을 지켰다는 의견이 더 많았다. (원택 스님 저, 《성철 스님 시봉이야기》 참조).

❖

매년 100만여 명의 불교 신자들이 여의도 광장에 모이는 초파일 행사에도 종정의 참여와 설법을 요구했으나 성철 스님은 재임 10년 동안 한 번도 참석하지 않았다.

"산승이 산에 있어야지 어딜 간다 말이고. 내가 서울 간다고 사람들이 좀 마이 모이면 머하노. 내가 서울 가는 것보다 산사를 지키고 여기 그냥 앉아있는 것이 불교계에 더 큰 이익이 되는 줄 와 모르노."

그러면서 초파일 경축 법어만 보내는데 그 법어가 당시 세상의 큰 화두가 되었다.

'산은 산이요, 물은 물이로다.'

언어의 한계를 뛰어넘어 진리를 보라는 고승의 지혜인데 당시에 언론들은 그 뜻을 헤아리기 위해 동분서주했다.

결과적으로 그러한 그의 종교적 신념이 불교계의 위상을 높여주었으며 불교의 권위를 되찾고 불교계가 하나 되는 계기가 되었다.

❖

1986년 1월 그가 발표한 신년 법어는 속세에 큰 울림을 주었다.

석가, 예수 발맞추어
뒷동산과 앞뜰에서 태평가를 합창하니
성인, 악마 사라지고
천당, 지옥 흔적조차 없습니다.
장엄한 법당에는 아멘 소리 요란하고
화려한 교회에는 염불 소리 요란하니
검다 희다 시비 싸움
꿈속의 일입니다.

12 법정 法頂

승려, 작가, 1932-2010

전남 해남 출신으로 전남대 국문과를 중퇴하고
23세이던 1954년에 출가했다.
불교신문사 논설위원과 주필을 역임했으며
송광사 중턱에 암자(불일암)를 짓고 홀로 수행한다.
한 장소에서 오래 생활한 나태함을 깨닫고 17년간 주석하던
불일암을 떠나 강원도 산골 오두막으로 거처를 옮겼다.

1995년, 과거에 유명한 요정 주인으로 많은 돈을 번
김영한 할머니의 대원각 터 7,000평을 기증받아
성북동에 길상사를 세웠다.
그 당시 길상사 창건법회에 참석한 김수환 추기경이 축사를 했는데
답례로 법정 스님이 1998년 명동성당 축성 100돌 기념 초청강사로
성당에서 강연함으로써 종교 간의 벽을 허물고자 노력했다.

평생 무소유를 주창하며《산에는 꽃이 피네》,《홀로 사는 즐거움》,
《서있는 사람들》 등 많은 베스트셀러를 내고 2010년 입적했다.

나무한테 물어봤냐?

법정 스님은 폐암으로 병세가 악화되어 길상사에서 임종 전 투병 생활을 할 때 의식이 오락가락했다.

그런 중에도 회진하러 온 의사에게 농담을 했다.

"스님, 어디 불편한 데는 없으십니까?"

"불편하니까 여기 누워있는 것 아닌가요?"

의사가 병실을 나가자 간병하던 보살이 법정 스님에게 물었다.

"스님, 방금 다녀가신 분이 누구신지 알겠습니까?"

"염라대왕."

* 정찬주 저, 《소설 무소유》에서 인용.

법정 스님은 투병생활을 하면서도 위트를 잃지 않고 주변 사람들을 즐겁게 해주려고 노력했다.

❖

법정 스님이 송광사 불일암에 암자를 짓고 생활할 때 자신이 심은 후박나무가 너무 무성하여 제자가 가지치기를 하자 스님이 역정을 내었다.

"나무한테 물어봤냐?"

그만큼 법정 스님은 자연을 소중히 여겼다.

❖

법정 스님은 책에서 늘 강조했다.

* 무소유란 아무것도 갖지 않는 것이 아니라 불필요한 것들을 갖지 않는 것을 말한다.
* 하나가 필요할 때 두 개를 가지면 그게 곧 욕심이다.
* 봄이 와서 꽃이 피는 것이 아니라 꽃이 피니까 봄이 오는 것이다.
* 연잎은 자신이 견딜 수 있을 무게만큼만 물방울을 간직한다.
* 때가 되도 떨어질 줄 모르고 매달려 있는 나뭇잎들은 보기가 민망하다. 때가 되면 미련 없이 떨어져야 그 빈자리에 새봄이 움튼다.

김수환 추기경이 사랑의 가르침을 남겼다면 법정 스님은 무소유라는 가르침을 우리에게 던져주었다.

13 손인식 孫仁植

전 미국 LA 벧엘교회 목사, 1948-2020

강원도 철원 출생으로 군복무를 마치고 미국으로 이민 가서
워싱턴 신학대학을 졸업한 후 목사안수를 받고 목회자의 길을 택했다.
여러 교회에서 부목사를 지내고
LA에 있는 벧엘 한인교회 담임목사로 부임했다.
23년간 담임목사로 시무하면서 취임 당시 100여 명에 불과했던
교회를 교인 6,000여 명의 대형교회로 성장시키는 기적을 이루었다.

그는 샤프한 외모와 재치 넘치는 달변으로 성도들의 마음을
사로잡았는데 항상 젊은이들에게는 'One way'를 강조했다.
망설이지 말고 목표를 정하면 한 길로 가라는 메시지였다.
70세인 정년을 5년 남겨두고 65세에 후임자에게 자리를 넘겨준 뒤
북한 주민 구원을 위한 북한동포선교연합을 구성하여
전 세계적으로 이 운동을 확산시켜 나갔다.

신도들의 마음을 얻으려면

필자가 좋아하고 존경하는 목사님 한 분이 계시다. 미국 LA벧엘 한인교회에서 담임목사로 시무했던 손인식 목사이다. 그는 내가 젊은 시절 천호동 성결교회를 다닐 때 성가대 지휘자였다. 크리스마스 이브에 그분이 피아노 반주로 들려준 성탄 축하곡 '거룩한 성'은 그야말로 환상적이었다.

손인식 목사는 어떻게 하여 미국에서 소규모 교회를 대형교회로 성장시키는 기적을 이루었을까?

그는 성직자로서 교인들을 끌어들이는 설교에 매력이 있었다.

손 목사는 대화할 때 상대방이 지루하지 않게 하는 공감 능력이 있었고, 현실적인 주제를 성경을 예로 들어 해석하는 능력도 뛰어났다.

음악에도 조예가 깊어 성가대 지휘는 물론 피아노 반주도 프로 수준이었다.

그는 설교할 때 3가지를 지키려고 노력했다고 한다.

첫째, 위트를 섞어 재미있게 한다.

둘째, 재미가 없으면 교훈이라도 전한다.

셋째, 교인들의 표정을 읽으며 공감하려고 노력한다.

그는 미국과 한국 등 국제사회에서 북한의 자유와 인권운동의 대부였다. 구호물자를 10년을 보냈어도 변하지 않는 것을 보고 동족이 고통받는 것을 외면하는 것은 죄라는 것을 깨닫고 이 운동을 시작했다.

국제 한인북한선교단체인 '그날까지 선교연합(UTD-KCC)' 대표로서 이 운동을 전 세계적으로 확산시켰는데 한국에서도 대회가 열렸다.

오래전 서울 영락교회에서 그가 주관하고 있는 단체의 '북한 동포를 위한 통곡기도회'가 개최된다는 신문 기사를 보고 참석하여 그를 수십 년 만에 다시 만날 수 있었다. 우리나라 목사 및 신도들 1,000여 명의 행사를 진행하는 모습을 흥분된 마음으로 지켜보다가 행사 종료 후에 깊은 해후를 할 수 있었다.

미국을 중심으로 전 세계 각국에 이 운동을 추진하여 세계 2,400여 교회가 참여한다. 그의 활동 영향으로 미국 의회에서 '북한인권법'이 통과되고 그 물결이 우리나라를 비롯하여 전 세계적으로 확산되어 나아갔다.

안타깝게도 2020년 4월에 낙상으로 인한 뇌출혈로 갑자기 생을 마감했다.

14 나훈아 羅勳兒

가수, 1947-

부산이 고향인 그는 무역선 선원이었던 아버지의 영향으로
비교적 부유한 가정에서 성장했다.
중학교 때는 능력 있는 야구선수로 활동했으나
후에 노래에 소질 있음을 발견하고 연예인을 꿈꾸었다.
아버지의 반대를 뒤로하고 무조건 상경하여
서라벌 예술고등학교에 입학한다.
1966년에 〈천리 길〉로 데뷔하는데
공군 사병으로 입대하여 군악대에서 군복무를 마친 후
본격적으로 가수의 길로 들어섰다.
방송 출연과 미디어 노출을 극도로 제한하며 공연 위주로 활동하는데
뛰어난 무대 장악력과 가창력으로 팬들을 사로잡는다.
인터넷으로 판매되는 그의 공연 티켓은
5분 이내에 매진될 정도로 인기가 높다.

내가 훈장을 거절한 이유

과거 이건희 회장 생일 때 삼성그룹 가족들이 신라호텔에서 연회를 하는데 1곡당 2,000만 원씩 3곡을 부르는 조건으로 섭외를 했으나 나훈아는 일언지하에 거절한다.

"나는 대중가수다. 내 공연을 보기 위해 표를 산 대중 앞에서만 공연한다. 내 노래를 듣고 싶으면 표를 사서 공연장에 오면 된다."

《삼성을 생각한다》의 저자 김용철 변호사는 그 후로 나훈아를 가장 존경하게 되었다고 털어놓았다.

❖

나훈아는 1990년대 초 집권당에서 국회의원 영입 제의를 해오자 "나는 노래를 가장 잘할 수 있다."며 거절했다.

1996년 9월 오사카 공연 때는 예정에 없이 일본에서는 금기사항인 〈독도는 우리 땅〉을 불러서 공연 당사자들을 당황하게 만들기도 했다.

❖

김동건 아나운서가 나훈아를 인터뷰하면서 "국가에서 주는 훈장을 거부했다고 하더라."라고 했다. 그러자 그는 이렇게 말했다.

"세월의 무게가 무겁고 가수라는 직업의 무게도 무거운데 어떻게 훈장까지 달고 살아갑니까. 노래하는 사람은 영혼이 자유로워야 합니다."

그 후에 김동건 아나운서는 그를 이렇게 평가했다.

"권력·금력을 초월한 이 시대의 대인배를 만날 수 있어서 행복했다."

❖

나훈아는 2018년 4월 남북정상회담 사전 행사로 열린 '남북예술단 평양공연'에 초청되었으나 여러 가지 제약조건과 요구사항이 많아서 거절했다. 이것도 그가 아니면 할 수 없는 행동이었다.

❖

그는 대중가수지만 사회를 보는 냉철한 눈과 자신의 직업에 확실한 철학을 가진 훌륭한 아티스트다. 진보와 보수를 떠나 옳지 않은 것에 대해서는 거침없이 바른말을 한다. 팬들이 열광하는 이유다.

15 신창재 愼昌宰

교보생명 회장, 1953-

서울대 의대를 졸업하고 서울대병원에서 산부인과 의사로 근무하다가
아버지인 신용호 회장의 부름을 받고 43세 때 입사하여
1998년에 교보생명 회장으로 취임한다.
취임 후 만성적자 회사를 우리나라 보험업계 3위로
성장시키는 경영 능력을 발휘했다.
그는 상속세를 100% 납부하고, 일가의 병역문제나 탈세, 횡령,
부당 세습 등으로 수사를 받은 일이 없으며, 사생활도 모범적으로
재계의 바이블이라 할 정도로 모범 경영을 하고 있다.

서울대 재학시절 그룹사운드 기타리스트로 활동할 만큼 기타실력이
수준급으로 회사의 주요 행사 때는 개그맨들과 공연하며
직원들을 즐겁게 해주고 있다.
또한 그는 유머 마니아로서 세미나, 직원연수, 회식 등 상황에 따라
적절한 촌철살인의 유머를 사용하는 CEO로 정평이 나 있다.

회장실이 왜 3층에 있을까?

신창재 회장은 탁월한 경영 능력을 인정받아 한국경영자협회가 수여하는 '경영자 대상'을 받았다. 그 자리에서 신 회장은 수상소감을 말할 때 위트를 구사하여 참석자들을 웃음의 도가니로 만들었다.

"이 상을 받고 나서 감옥에 가는 일은 없도록 열심히 하겠습니다."

❖

신문사 기자가 교보 사옥 3층 회장실에서 인터뷰 중에 이렇게 질문했다.

"회장실이 왜 전망 좋은 22층이 아니고 3층에 있나요?"
"네~ 지진이 나면 빨리 도망갈 수 있잖아요."

❖

"요즘 왜 골프를 안 치시나요?"

"한번 나가면 약 9시간 정도 소요되는데 회사 근처에서 2시간 정도 운동하고 7시간을 다른 일에 활용하는 게 남는 장사지요."

❖

다음의 말에서 신창재 회장의 경영철학을 엿볼 수 있다.

"출판사 사장이나 작가들이 이번에 발간된 신간을 좋은 위치에 전시해 달라는 부탁이 많이 오지요. 그러면 '알겠습니다.' 하고는 직원들에게는 일절 전달을 안 합니다."

1991년부터 교보빌딩 외부 벽면에 '광화문 글판'을 통해 시의성 있고 정감 있는 희망의 메시지를 시민들에게 전달함으로써 큰 인기를 얻고 있다.

그의 경영철학이 담긴 교보문고 5가지 운영방침은 다음과 같다.

1. 모든 고객에게 친절하고 초등학생에게도 존댓말을 쓴다.
2. 한곳에 오래 서서 책을 읽어도 그냥 내버려 둔다.
3. 책을 이것저것 보다가 책을 사지 않더라도 눈총을 주지 않는다.
4. 책을 노트에 베끼더라도 그냥 둔다.
5. 책을 훔쳐도 망신 주지 말고 보이지 않는 곳에서 좋은 말로 타이른다.

16 이어령 李御寧

전 이화여대 교수, 1934-2022

충남 아산 출신으로 한국의 대표적인 지성이다.
본직은 이화여대 교수로서
문학평론가, 언론인, 작가, 정치인, 초대 문화부장관 등으로
우리나라의 한 시대를 풍미한 창조적 사고의 달인이다.
1963년《흙 속에 저 바람 속에》,《하나의 나뭇잎이 흔들릴 때》를
발표하여 인기를 얻고, 1982년《축소지향의 일본인》으로
베스트셀러 작가가 되었다.

1988년 서울올림픽 개회식 및 폐회식을 총괄하여
'벽을 넘어서'라는 주제로 '굴렁쇠 소년', '손에 손잡고' 등의
창의적 기획으로 전 세계에 한국의 위상을 알렸다.
운명하기 며칠 전에 가수 장사익 씨가 찾아와 '찔레꽃'을 불렀다고
하는데, '디지로그 시대', '지성에서 영성으로' 등의 명언을 남기고
2022년 조용히 세상과 이별한다.

청소년 범죄가 왜 증가하는가

이어령 장관은 무신론자였으나 늦은 나이에 신학대학에 가서 목사가 된 딸의 영향으로 기독교 신앙을 받아들였다.

기자: 종교를 받아들이면서 일회성 존재도 극복하고 사후에 대한 확신을 얻으셨습니까?

이어령: 내게 종교는 죽으면 천당에 가는 것을 뜻하지 않아요. 존재에 대해 고민하고 답을 얻는 과정일 뿐이지요. 요즘 사람들은 존재가 아닌 소유에만 관심이 있어요. 우리가 죽는 존재임을 알면 결코 지금처럼 가진 자와 못 가진 자가 서로 극단적으로 될 수가 없어요. 내 정체성은 크리에이터(창조하는 사람)입니다. 88올림픽 때 굴렁쇠를 굴리는 소년이나 새천년 축제 때 아이가 태어나는 장면을 전 세계에 생중계한 것 등 나 자신이 정신적으로 높은 줄 알았는데 기껏 배고픔에 짐승처럼 되는 나를 발견하고 실망했어요.

❖

그는 문학평론가로서 비판적인 문학평론만 하자 작가들이 그럼 당신이 글을 써보라 해서 쓴 작품이《장군의 수염》이었다.

‘소풍 간 학생들이 끼리끼리 사진을 찍는데 주인공은 어느 그룹에도 속하지 않아 혼자서 숲에 누워 공상에 빠져 잠이 들었다. 전교생이 그를 부르며 찾자 그제야 그는 기뻐한다. 그게 바로 나다.’

❖

청소년 범죄가 왜 증가하는지 TV 토론을 할 때 그는 이렇게 주장했다.

“사람들이 사람 젖을 안 먹고 소젖을 먹고 크니 범죄가 늘어난다.”

❖

‘나는 존경은 받았으나 사랑은 받지 못했다. 다른 사람의 절대성을 인정하는 게 사랑이고 그 자리가 윤리의 출발점이다.’

‘과학을 잘 모르면 무신론자가 되지만 과학을 깊이 알면 신의 질서를 만난다.’

‘책이 페이스북을 못 이기고 클래식 음악이 트로트를 못 이기는 시대다.’

17 임원택 林元澤

전 서울대 교수, 1922-2006

그는 경북 칠곡에서 태어나 어릴 때부터 천재 소리를 들었다.
일본의 최고 명문인 도쿄대 법학부로 유학을 마친 후
서울대에서 경제학박사 학위를 취득하고
30여 년 동안 서울대 경제학과 교수로 재직했다.

일본 유학 중, 1943년 2차 세계대전 때 일본군으로 징집되어
태평양전쟁에 참여하게 되었는데
최전선으로 배치된 그의 동료들은 모두 전사했으나
그는 일본군 중대장의 배려로 무사히 살아남을 수 있었다.
그 후 서울대 교수로 재직하면서
일본 중대장의 은혜로 제2의 인생을 살고 있다며
학생들에게 물질보다 정신의 중요성을 강조했다.

왜 일본군 중대장을 못 잊을까?

그는 2차 세계대전 당시 유학생 신분으로 일본군에 편입되어 본인이 원하지 않은 전쟁에 참여하게 되었다. 일본군의 전세가 악화되자 최전선으로 곧 투입된다는 소식을 들었다. 낙심하여 잠을 이루지 못하던 어느 날 중대장이 그를 불렀다.

"너는 후방에 남아있어라."

그날 밤 전선으로 간 부대 병력은 전멸하고 그는 살아남을 수 있었다.

종전 후 중대장을 찾아간 그는 너무 감격하여 그때 왜 나를 후방에 남게 했는지 물어보았다. 중대장은 이렇게 말했다.

"너는 전쟁터에서 죽기 아까운 인재다. 인재는 소중하다. 일본인이든 한국인이든 인재는 살아서 국가를 위해 일해야 한다."

그 후에 그는 물질이 정신을 지배하는 것이 아니라 정신이 물질을 지배한다는 사실을 깨닫고 대학에서 학생들에게 그때의 심정을 종종 말했다.

"누가 중대장을 해치려 하면 내가 죽창으로라도 물리쳐야 한다."

❖

교수가 된 제자들이 밥을 사려고 하면 "어디 어른 앞에서 돈을 쓰려고 하느냐"라고 하며 본인이 계산했다고 한다.

❖

그는 '제2자본론'이라는 새로운 경제학 개념을 탄생시키는 데 큰 공헌을 했는데, 정경유착에 대해 매우 부정적으로 인식하고 있었다.

"한국에는 자본가와 노동자 이외에 자본가를 등쳐먹는 정치가 계급이 있다."

(이코노미스트 인용)

18 채명신 蔡命新

전 주월 한국군 사령관, 1926-2013

황해도 곡산 출생으로 목사가 꿈이었으나
공산주의에 회의를 품고 월남했다.
육사 5기로 졸업한 후 1948년에 육군 소위로 임관,
6·25전쟁에 참여하여 백골병단 유격대 활동을 하였다.
1965년부터 1968년까지 주월 한국군 사령관으로 임명되어
국제사회에서 한국군의 용맹을 세계에 떨친다.

2013년 세상을 떠나기 전 유언으로 8평의 장군 묘역을 거부하고
베트남전쟁 시 희생된 사병들과 함께 묻히고 싶다고 하여
우리나라 장군으로서는 처음으로 1평의 동작동 국립묘지
월남전 사병 묘역 맨 앞에 안장되었다.
월남전쟁 중 각 부대를 시찰하며 강조한 말은
"100명의 베트콩을 놓치더라도 1명의 양민을 보호하라"였다.
그는 우리나라 군인 중 최장기간 전쟁 경험을 했고
참여한 전쟁에서는 연전연승으로 화랑무공훈장을 받았다.

사병 묘역에 묻어 주오

강원도 홍천에서 월남 파병을 위한 훈련이 있었다. 강재구 중대장 소속의 이등병이 수류탄을 잘못 투척하여 중대원들 근거리에 수류탄이 떨어졌다. 강재구 중대장이 몸을 던져 본인은 산화하고 부하들의 생명을 구하는 사고가 발생했다.

그때 채명신 장군은 사단장으로서 모든 부하지휘관들을 징계 없이 사면하여 월남에 파병했다. 그리고 강재구 중대장을 기리기 위해 재구대대로 명명하여 월남에서 수많은 공을 세웠다. 그 당시 상상하기 어려운 리더십을 발휘하여 희생된 중대장을 소령으로 특진시키고 군대의 명예를 지킨 것이다.

* 필자는 1년 전에 동작동 국립묘지를 방문하여 채명신 장군의 묘역을 답사했는데 조문객들이 가져다 놓은 예쁜 꽃들이 그의 영혼을 지키고 있었다. 현재 우리가 누리고 있는 자유와 풍요는 그들 희생의 대가라고 생각하니 숙연함이 느껴졌다.

채명신 장군의 군복 입은 사진과 함께 묘비명에 새겨진 글에서 조국을 한없이 사랑한 그의 마음이 느껴져 가슴이 뭉클했다.

그대들 여기 있기에 조국이 있다.

Because you soldiers rest here,

Our country stands tall wide pride.

19 김동길 金東吉

전 연세대 교수, 1928-2022

평안남도 맹산 출신으로 해방 후에 공산정권이 들어서자 월남하여 연세대학교 영문과에 입학한다.
졸업 후 미국으로 유학하여 에반스빌대학교에서 사학 전공, 보스턴대학교에서 링컨 대통령 연구로 박사학위를 취득한 후 연세대학교 사학과 교수로 일생을 보냈다.

1970년대에 민청학련사건으로 투옥되는 등 민주화 투쟁으로 고초를 겪었으며 교수를 퇴직한 후에는 잠시 정치에 몸담았다가 정치평론가로 회귀하여 집필활동과 해학을 겸비한 강연 활동으로 크게 인기를 누렸다.
저서로는 《청춘이여 주저하지 말라》, 《석양에 홀로 서서》, 《대통령의 웃음》 등 많은 베스트셀러가 있다.
'세브란스병원에 시신 기증, 영결식/추도식은 생략, 남은 재산은 대학에 기증' 등의 유서를 남기고 2022년 10월에 세상을 떠난다.

결혼을 안 한 이유

김동길 교수는 TV에 출연하여 기독교 신앙의 의미에 대하여 강의할 때 축구 시합을 비유하며 재미있게 설명했다.

"종교는 기복신앙이 아닙니다. 예를 들어 축구 시합을 할 때 기독교 신자인 한 선수가 시합 전에 그라운드에 무릎을 꿇고 우리 팀이 승리하도록 하나님께 기도하면 상대 팀에도 기독교 신자인 선수가 마음속으로 우리 팀이 이기도록 기도하겠지요. 두 신자의 기도를 들으면 하나님은 입장이 곤란하지요. 그러면 하나님은 뭐라고 하십니까.

'너희들 실력껏 싸워라' 하실 겁니다."

❖

뉴욕에서 큰 만찬 모임에 오누이가 함께 참석하게 되었다. 김옥길 총장이 인사말을 하면서 그를 바라보며 다짜고짜 "어렸을 때 동생을 내가 항상 업어서 키웠다."라고 했다.

난감해진 그는 누님에 이어 단상에 올라가 한마디를 했다.

"아니 여기까지 와서 그렇게 말하는 이유가 뭡니까."

이렇게 농담하니 참석자들이 모두 폭소를 터뜨렸다.

❖

어머니 친구분들이 아들(김동길)이 결혼했느냐고 묻자 그의 어머니가 안 했다고 답했다. 모두 한목소리로 "효자네요."라고 했다. 그는 어머니로부터 그 말씀을 전해 듣고 결심했다.

"나는 자유인이 되고 싶어서 결혼을 안 했습니다. 인간에게 자유보다 더 소중한 가치는 없다고 생각합니다."

❖

김동길 교수는 2022년 10월 4일 다음과 같은 유언을 남기고 세상과 이별했다.

"내가 죽으면 장례식·추모식은 일절 하지 말고 시신은 연세대 의료원에 기증하라."

그는 별도의 장례식장을 마련하지 않고 '인생 끝나면 미련 없이 간다'는 평소의 소신에 따라 조용히 우리 곁을 떠난 것이다.

20 산제이 쿠마 Sanjay Kumar

전 미국 컴퓨터 어소시에이츠(CA) 회장, 1962-

산제이 쿠마는 스리랑카의 소수민족 출신으로
14살 때 미국으로 이민 가서 세계적인 IT기업인
CA(Computer Associate)의 최고경영자에 오른
입지전적인 인물이다.
그는 학창 시절 소프트웨어 개발에 몰두하여 의대를 중도에 포기하고
17살에 친구와 함께 재고관리 회사를 설립했다.

그는 어머니의 영향으로 모든 사람을 평등하게 대하며
직위와 관계없이 직원들을 존중하는 법을 깨달았다.
회사에서 식사할 때도 CEO의 권위를 버리고 직원들과 어울려
함께 토론하는 것을 즐기며 자연스럽게 직원들과 가까이 지낸다.
그는 경영자로 성공하기까지 어머니의 가르침이 컸다고 종종 말한다.

짧은 줄에 서거라

산제이 쿠마가 14살 때 미국으로 이민 가서 학교에 처음 등교하던 날이었다. 점심을 먹기 위해 학교 식당으로 갔는데 갈등이 생겼다. 배식을 받는 식당 한 줄에는 흑인 학생들이, 다른 한 줄에는 백인 학생들이 줄지어 있었다. 그 당시 미국에서는 흑백 인종차별이 심했는데 아시아권 황색인종인 그는 어느 줄에 서야 할지 몰라 식사를 포기했다.

그날 집에 와서 어머니에게 어느 줄에 서야 할지 물었다. 그때 어머니의 한마디가 그의 인생에 크나큰 가이드가 되었다. 모든 인간은 평등함을 알았고 편견 없이 대우하는 법을 깨달았다.

"짧은 줄에 서거라."

어머니는 그러면서 다음과 같이 말했다.

"너는 다른 아이와 다르다. 그래서 너는 특별하다."

그 후 그는 흑인 학생 줄이건 백인 학생 줄이건 개의치 않고 짧은 줄에 섰다. 그리고 그는 CEO가 되어서도 어머니의 이 정신을 바탕으로 조직을 이끌었다.

직원들 사이에서 식사하면서 토론을 즐겼으며, 직책에 상관없이 모든 임직원을 인종이나 성별에 차별을 두지 않고 평등하게 대했다.

평등과 창의력은 CA가 지향하는 핵심 가치다. 그는 자신의 역할은 좋은 인재들이 와서 일하기 좋은 문화와 환경을 만드는 것이라고 강조한다. 그러기 위해 개인의 성과를 중시하는 문화로 민족, 배경, 출신, 성별과 관계없이 그들을 차별 없이 존중한다.

조직이 발전하기 위해서는 다양한 인재들의 조합이 중요하다. 차별받지 않고 누구나 평등하게 능력을 발휘토록 하는 것이 우선이다. 그러한 조직문화를 추구하는 것은 CEO의 중요한 역할이다.

21 허브 캘러허 Herb Kelleher

전 사우스웨스트항공 공동창업자, 1931-

1971년에 저가 비행기 3대로 사우스웨스트항공을 창업하여
세계 4대 항공사로 성장시켰으며
한 번도 적자를 기록한 일이 없는 항공업계의 미다스의 손이다.
1981년에 CEO가 되어 2001년 물러날 때까지
그의 경영철학의 핵심은 '펀(fun)경영'이었다.
고객보다 직원 만족을 제일주의로 삼고
직원들을 즐겁게 해주기 위해 끊임없이 노력했다.
직원들이 만족해야 그들이 고객을 만족시킨다는 신념으로
직원들이 즐겁게 일할 수 있게 많은 펀경영 아이디어를
생산해 내었다.
펀경영은 그의 트레이드 마크였는데
지난 20년간 단 한 차례의 노사분규도 없었다.
그의 탁월한 리더십이 회사를 반석 위에 올려놓았다.

흡연실이 어디 있나요?

허브 캘러허는 직원을 채용할 때 유머를 중요한 채점 포인트로 한다. 유머감각이 있는 사람은 창의적이고 업무능력도 뛰어나다고 믿기 때문이다.

- 유머는 조직의 화합을 위한 촉매제다.
- 직원들이 즐거운 마음으로 일할 수 있는 기업만이 일류기업으로 성장한다.

❖

1994년 어느 날 〈USA투데이〉에 다음과 같은 전면광고가 실렸다. 이 광고는 사우스웨스트항공의 전 직원들이 스스로 비용을 갹출하여 실은 것이다.

'우리는 허브 씨가 보스가 아니라 우리의 친구가 되어준 것에 대해 경영자의 날을 맞아 진심으로 감사드립니다.'

그는 '자기 자신을 리드하려면 당신의 머리를 사용하고, 다른 사람들을 리드하려면 당신의 가슴을 사용하라'는 리더십의 근본을 몸소 실천한 리더였다.

❖

사우스웨스트항공은 운항 중에 기내 방송을 통해 이런 말이 흘러나온다.

'흡연을 위해 비행기 날개 위에 흡연실을 만들었으니
많은 이용 바랍니다.'

❖

즐거운 마음으로 일하고 싶은가요?
그러면 우리 사우스웨스트항공사로 오세요.
바지는 입어도 되고 벗어도 되는 회사입니다.

❖

허브 캘러허가 펀경영을 하는 가장 큰 이유는 직원들로부터 마음을 얻기 위함이다.

"직원들이 내면으로부터 기쁘고 즐거운 마음으로 일할 수 있어야 충성도를 높일 수 있고 그래야만 충성도 높은 고객을 유치할 수 있다."

22 알프레드 아들러Alfred Adler

정신의학자, 1870-1937

오스트리아 출생의 정신의학자로서 프로이트의 제자이다.
그는 어렸을 때 사고로 인하여 곱사등에다 성장을 멈추고
난쟁이가 되었다.
어렸을 때 폐렴에 걸려 죽을 고비를 넘겼고 동생 또한 병으로 죽자
의사가 되기로 결심하고 열심히 공부하여 의사가 되었다.
그의 스승인 프로이트는 심리학 분야에서 정신분석학의 창시자다.
인간의 모든 행동의 원인을 무의식의 힘이라고 주장했는데
특히 성욕을 강조하여 인간의 행동이 주로
성적 에너지인 리비도(Libido)에 의해 영향을 받고 있음을 강조했다.
아들러는 스승인 프로이트가 지나치게 성적 에너지로
인간을 분석하는 것에 반발하여 그를 떠났다.
그러면서 아들러는 인간 행동의 근원을 우월성의 추구로 보았는데
개개인의 특성에 초점을 맞춘 개인심리학의 선구자가 되었다.

거인 위의 난쟁이

아들러는 곱사등에다 볼품없는 난쟁이로 놀림을 받으며 성장했다. 후에 아들러가 유명해지자 그의 스승 프로이트는 아들러를 자신이 키웠다고 조롱하면서 별로 좋지 않게 그를 비방하며 다녔다.

그러나 아들러는 프로이트에게 감정적으로 대응하지 않고 다음과 같은 위트로 스승을 뛰어넘었다.

"거인 위의 난쟁이는 거인보다 훨씬 더 멀리 볼 수 있다."

인간관계에서 가장 중요한 것은 상대방을 존중하고 배려하는 것이다. 아무리 제자라도 훌륭한 것은 인정하고 칭찬해 주는 것이 필요하다. 제자라고 해서 학문적 업적이나 사회적 명성을 자기 아래로 두는 것은 어리석은 짓이다.

그러한 면에서 볼 때 아들러의 위트는 본인의 신체적 한계를 뛰어넘었다.

23 미켈란젤로 Michelangelo Buonarroti

화가·조각가·건축가, 1475-1564

르네상스 시대의 3대 거장은 미켈란젤로,
레오나르도 다빈치, 라파엘로다.
미켈란젤로는 〈다윗〉, 〈피에타〉와 같은 조각 작품뿐만 아니라,
르네상스 시대의 최대 걸작인 시스티나 성당의 천장화
〈천지창조〉를 그렸는데
교황 율리시스 2세의 요구로 그렸으며 바티칸 궁전 내부에 있다.
당시 르네상스 시대의 거장들이 참여하여 프레스코화를 그렸고
미켈란젤로는 성당의 천장화와 벽화 〈최후의 심판〉을 그렸다.
16세기 작품으로 약 500년의 세월이 지난 지금도
경이로울 만큼 뜨거운 찬사를 받는다.

시스티나 성당 그림이 명작인 이유

미켈란젤로는 시스티나 성당 천장을 새로운 프레스코로 채우는 작업을 하고 있었다. 천장 깊숙한 곳까지 세밀하게 그리고 있는데 친구가 찾아왔다. 친구는 그 모습을 보고 한마디했다.

"그렇게 천장 깊숙한 곳을 누가 알겠나. 대충 그리면 되지."

미켈란젤로가 대답했다.

"내가 알지."

작품이 진행 중일 때 교황 율리시스 2세가 "언제 작업이 끝나는가?"라고 묻자 미켈란젤로는 대답했다.

"완성되는 날에 끝납니다."

500년 후 시스티나 성당의 프레스코화가 복원된 후 교황 요한 바오로 2세는 이렇게 극찬했다.

"인간의 몸으로 이루어진 신학의 거룩한 성소."

❖

미켈란젤로는 90세까지 장수하였다. 말년에도 작업을 위해 성베드로 성당으로 달려갔고 하인의 등에 업혀 오기 일쑤였다.

수면과 식사 시간을 줄이면서 오로지 예술 작업에 몰두하다 한평생을 마감했다. 그러한 정신이 인류 최고의 걸작을 만들었고 인간의 추억 속에 살아있는 것이다.

(인물세계사, 원재훈 글 참고)

❖

보이지 않는 세밀한 부분까지 체크하여 완벽을 추구하는 것이 프로다. 일반인들이 발견할 수 없는 곳이라 하여 대충 그리는 것은 아마추어다.

우리 주변에는 적당주의 정신이 얼마나 큰 위험을 내포하고 있는지 알려주는 많은 사건과 사고가 있다. 삼풍백화점 붕괴 사고, 성수대교 붕괴 사고, 세월호 참사 등도 이러한 철저하지 못한 적당주의에서 비롯되었다.

24 아인슈타인 Albert Einstein

물리학자, 1879-1955

독일에서 유대인 서민의 아들로 태어나 학교에서는 괴짜 취급을 받고
획일화된 제도권 교육이 적성에 맞지 않아 15세에 학교를 중퇴했다.
스위스 국립공과대학으로 유학하여 물리학을 전공한 후
26세 때인 1905년에 특수상대성이론을 발표하고
1916년 베를린대학 교수 시절 일반상대성이론을 발표하여
1921년에 노벨물리학상을 받았다.

1933년 히틀러의 유대인 추방으로
미국 프린스턴 고등연구소 교수로 취임하고
원자폭탄 연구의 시초인 '맨해튼 계획'에 참여했다.
1955년 사망하자 프린스턴 대학에서 그의 뇌를 영구 보관했다.

내가 어디로 가는지 모르오

어느 날 기사가 아인슈타인에게 말했다.

"박사님, 제가 수없이 박사님의 강의를 들어서 이제는 강의 내용을 모두 외울 정도가 되었습니다. 오늘 중요한 자리가 아니라면 제가 한번 해 보겠습니다."

아인슈타인은 계속되는 강의로 피곤하여 그렇게 하도록 했다.

기사가 아인슈타인으로 소개받아 강의했고 아인슈타인은 뒤에서 강의를 듣고 있었다. 그런데 기사가 강의를 마치자마자 한 사람이 아주 까다로운 질문을 했다. 그러자 기사는 태연하게 말했다.

"그것은 아주 간단한 질문이니 제 운전기사가 나와서 설명하라고 하지요."

그러면서 마이크를 아인슈타인에게 넘겼다.

❖

아인슈타인의 친구가 집을 방문했다.

"상대성이론이 너무 어려워서 사람들이 이해를 잘 못하는 것 같은데 나에게 쉽게 설명해 줄 수 있겠나?"

아인슈타인이 웃으면서 말했다.

"아주 아름다운 여자와 함께 있을 때는 하루가 1시간처럼 빨리 지나가지. 그러나 나이 많은 노파와 함께 있을 때는 1시간이 하루처럼 느껴지지 않는가. 그게 상대성이론이야."

❖

기차를 타고 가던 아인슈타인이 기차표를 분실했다. 표를 검사하러 온 차장에게 아인슈타인이 표를 분실했다고 말했다.

"선생님이 누구신지 잘 압니다. 틀림없이 표를 사셨을 겁니다. 걱정하지 마세요."

차장의 말을 듣고 아인슈타인이 빙그레 웃으며 고맙다는 표시를 했다.

그런데 곧바로 아인슈타인은 바닥에 엎드려 좌석 아래를 살피기 시작했다. 차장은 "박사님 걱정하실 것 없다니까요. 저는 박사님이 누구신지 잘 알고 있습니다."라고 거듭 말했다.

그러자 아인슈타인이 말했다.

"내가 누구인지는 나도 알아요. 그런데 내가 지금 어디로 가고 있는지 모르겠단 말이에요."

25 루디거 돈부시 Rudi Dornbusch

전 MIT 교수, 1942-2002

독일 출신으로 스위스 제네바대학교를 거쳐 미국 시카고 대학에서
경제학박사 학위를 받고 27년간 MIT에서 경제학 교수로 재직했다.
'루디'라는 애칭으로 불려온 그는 환율이론의 대가로
그의 말 한마디가 국제외환시장을 좌우할 정도로 영향력이 대단했다.
국제통화기금(IMF) 부총재 출신의 스탠리 피셔 MIT 교수와 함께 쓴
《거시경제학》은 대학생들의 기본 참고서가 되었다.

그는 2000년 한국에 강사로 초청되어
신라호텔에서 강연할 때 우리나라의 경제정책을 비판하기도 했다.
"한국은 관료주의가 경제발전의 걸림돌로 작용하고 있다.
그들은 정치와 결탁하여 경제위기를 엉터리로 보고했다.
한국의 경제개혁에 가장 큰 걸림돌은 관료들이다.
기업들은 관료들의 경영간섭을 막을 수 있는
새로운 경제모델이 필요하다."

강사료가 얼마지?

1990년경 돈부시 교수는 "일본은 쇠퇴하고 있다"라는 강연을 했다. 그전에는 일본을 극구 칭찬해 왔는데 왜 갑자기 바뀌었을까?

그 이유는 당시 일본 부인과 이혼 수속 중이었다.

몇 년 후 돈부시는 "브라질은 훌륭한 나라"라고 말하기 시작했다. 그 당시 그는 브라질 중앙은행의 재원과 재혼했다.

1998년 도쿄에서 개최된 '요미우리 경제심포지엄'에서 그는 기조강연을 하면서 "미국은 훌륭하다. 세계 경제를 지탱해주는 것은 미국이다"라고 강조했다.

기자가 질문했다. "지금 부인은 어느 나라 사람입니까?"

그는 자랑스럽게 대답했다. "아메리칸."

(매일경제신문, '유머도 글로벌 스탠더드로' 인용)

❖

돈부시 교수가 세상을 떠나기 몇 년 전에 KSA의 초청으로 신라호텔에서 경영자 대상 조찬 강연회가 있었다. 그때 일정상 특강을 마치고 곧장 공항으로 이동하게 되었다.

그는 승용차가 호텔을 출발하자마자 강사료가 담긴 봉투를 꺼내어 열심히 돈을 세기 시작했다.

자본주의는 돈의 위력이 대단하다. 세계적인 학자도 강사료에 관심이 크다. 요즘에는 강사료가 거의 온라인으로 입금되지만 과거에는 강사료를 현금으로 지급했기 때문에 강사료와 관련한 에피소드가 많다.

강의가 끝나고 그 자리에서 현금으로 강사료를 받으면 기분이 좋은데 “온라인으로 입금하겠습니다”라는 말을 들으면 허탈해하던 강사들의 모습이 떠오른다.

26 스티븐 코비Stephen Covey

미국 컨설턴트, 1932-2012

미국 유타주 솔트레이크시티에서 태어나 하버드 대학에서 경영학석사, 브리검영 대학에서 종교교육학으로 박사학위를 취득했다.
그는 '누구나 자신의 운명을 스스로 결정할 수 있다'는 단순한 명제로 명성을 쌓았고,
1989년에 출간된《성공하는 사람들의 7가지 습관》은 전 세계적으로 1,500만 부 이상 팔린 초베스트셀러다.
이 외에도《소중한 것을 먼저 하라》,
《성공하는 사람들의 8번째 습관》 등의 저서들을 출간해 인기를 끌었다.
2011년 세계 최고의 경영사상가 50인으로 선정된 바 있다.

코비리더십센터 창업자이며 경영컨설턴트로
성공적인 삶과 기업 경영을 위한 강연과 저술 활동을 벌여왔다.
2012년 자전거 사고로 뇌출혈 등을 앓던 중 향년 79세로 타계했다.

모두 오른손을 들어보시오

스티븐 코비 박사는 매년 한국을 방문하여 경영자들을 대상으로 강연했다. 강남 르네상스 호텔에서 특강을 할 때였다. 갑자기 청중들에게 오른손을 높이 들어보라고 했다. 그러고는 모두 눈을 감고 북쪽을 가리키라고 했다. 손을 든 상태에서 모두 눈을 뜨자 가리키는 방향이 모두 달랐다. 그러자 코비 박사가 말했다.

"여러분, 많은 사람들이 가리키는 쪽을 북쪽이라고 할까요?"

그러자 청중들은 아니라고 했다.

코비 박사가 다시 말을 이어갔다.

"그렇습니다. 원칙은 변함이 없습니다. 원칙은 다수결로 결정하는 것이 아닙니다. 불변이에요. '원칙 중심의 리더십은 이와 같아요. 그래서 조직을 이끌어가는 리더는 원칙을 지키는 것이 중요합니다. 절대로 감정으로 조직을 이끌어 가면 안 됩니다."

그가 강연 중 했던 말이 아직도 뇌리를 스친다.

"노력했다고 해서 모두 성공하는 것은 아니지만, 성공한 사람들은 모두 노력했다."

27 존 안톤 John Anthon

미국 퍼듀대학교 교수, 1947-

퍼듀대학교 경영학과 교수로서

국제적으로 CS(고객만족) 분야 권위자이다.

LG그룹의 미국 현지법인 경영자문을 하였으며

세계 각국을 다니면서 CS 확산에 노력하였다.

1990년대 초반부터 고객만족경영이

우리나라 기업경영의 화두가 되면서

그를 초청하여 3일 동안 특별 세미나를 개최하였다.

당시에 매일경제신문에서 특별 인터뷰를 하는 등

CS 확산에 큰 기여를 하였다.

고객이 원하는 것

1990년대 초에 LG그룹이 글로벌경영컨설팅 회사를 통해서 '고객만족 경영'을 도입한 이후에 우리나라에서도 고객만족 경영의 바람이 불기 시작했다. 이때 국제적으로 CS(고객만족) 분야 권위자인 미국 퍼듀대학의 존 안톤 교수를 초청하여 기업체 임직원들을 대상으로 하는 세미나를 개최하게 되었다.

강의장은 63빌딩이었고, 숙소는 여의도 맨하탄 호텔로 예약했다. 강의 하루 전날 그를 픽업하여 저녁 식사를 마치자 8시쯤 되었다.

필자가 호텔 앞에서 63빌딩을 가리키며 "우리나라에서 가장 높은 건물이며 내일 강의할 장소"라고 말하자 그는 강의 장소를 지금 가서 답사하고 싶다고 했다. "저녁 6시가 퇴근 시간이어서 현장을 방문할 수 없다"고 하자 아쉬운 표정을 지어서 "교수님의 수준에 맞는 좋은 장소를 선택했다"고 말씀드렸더니 그는 매우 흡족해하는 모습이었다. 그러면서 내일 아침 90분 전까지 강의 장소로 안내해줄 것을 요청했다.

다음 날 아침 10시부터 강의가 시작인데 8시 30분에 동행하여 세미나장에 도착했다. 그는 긴 테이블 2개를 끌어다 놓고 강의 자료를 페이지별로 포스트잇을 부착하여 길게 정리해 놓았다. 그리고 수강자들이 앉는 책상을 강사를 중심으로 타원형으로 하여 시선이 골고루 미칠 수 있도록 배열했다.

그를 도와 함께 강의장 정리를 마치고 나니 강의 시작 30분 전이었다. 그는 이제 됐다고 하며 커피 한잔을 하자고 했다. 그때부터 수강자들이 모여들기 시작했다.

그는 강의 중에 실내 온도가 높아서 너무 더우니 온도를 내려달라고 요청했다. 필자가 건물관리팀에 연락했더니 회사 규정상 지금은 어렵다고 했다. 그 말을 전하자 그는 고개를 갸우뚱하며 말했다.

"고객이 원하면 들어줘야죠. 규정보다 고객이 우선 아닌가요?"

세미나를 마치고 공항까지 배웅을 나갔는데 약 2시간 정도 시간 여유가 있었다. 필자가 함께 기다려주기로 결심하자 그의 제자인 전남대 정 교수가 돌아가자고 했다. 강사에 대한 예의가 아니라고 했더니 제자인 정 교수는 우리가 떠나는 것이 강사에 대한 예의라고 했다. 왜냐하면 가족이나 친구에게 전화도 해야 하고, 쇼핑도 하고, 개인적으로 자기 시간이 필요하기 때문이라고 했다. 그러니 함께 있어주는 것이 강사의 시간을 구속하는 것이라고 했다.

나는 그 말에 동감하고 교훈 하나를 배운 것 같아 기분 좋게 인사를 하고 공항을 빠져나왔다.

3장

정치 지도자들의 유머와 위트

••••••••

어느 나라든 국가를 이끌어 가는 정치인들은
상대방을 기분 나쁘게 만드는 막말이 아니라
상대방의 경계심을 무너뜨리고 자신의 약점을 교묘히 가리는
'위트 전략'이 유용한 무기로 활용된다.

미국의 거물 정치인들은 유머 집필자를 별도로 고용하기도 하는데
미국의 ABC 방송국이 실시한 설문조사에 따르면,
성공한 정치인의 필수자질로 유머와 위트를 뽑은 국민이
무려 74%에 달했다.

우리나라 정치 지도자들은 상대방에 대한 배려나 위트가 부족하며
소속 정당의 진영논리에 갇혀 있는 것 같아 안타깝다.

부드러운 유머나 위트로 상대방을 머쓱하게 만드는 능력이야말로
현대 정치인들에게 요구되는 능력이 아닌가 생각해본다.

유머 감각은 지도자의 필수요건이다.
- 하드리 도노번

01 링컨 Abraham Lincoln

미국 제16대 대통령, 1809-1865

켄터키주에서 가난한 농민의 아들로 태어나 정규교육을 받지 못하고 독학으로 변호사가 된 입지전적인 인물이다.
그는 항상 여론과 언론을 경청했고, 끊임없이 국민들과 소통하고 토론했다.
남북전쟁에서의 승리와 노예해방을 단행한 후 대통령에 재선되었으나 이듬해에 워싱턴 포드극장에서 연극 관람 중 암살당한다.
미국 역대 대통령 중 초대 조지 워싱턴 다음으로 가장 훌륭한 대통령으로 추앙받고 있으며 유머와 위트가 풍부하여 많은 에피소드가 있다.
1863년 게티즈버그 국립묘지 설립 기념식 연설에서 '국민에 의한, 국민을 위한, 국민의 정부는 지상에서 영원히 사라지지 않을 것이다'라는 불멸의 명언을 남겼는데 이 내용은 현재도 모든 민주국가의 정치이념이 되고 있다.

내가 죽고 싶은 이유

링컨의 정적 스티븐 더글러스가 "링컨은 두 얼굴을 가진 사람이다"라고 의회에서 비난하자 링컨은 부드럽게 받아쳤다.

"여러분, 잘 생각해 보십시오. 제가 만약 얼굴이 두 개라면 이런 중요한 장소에 못생긴 이 얼굴로 나왔겠습니까?"

얼굴에 항상 핸디캡이 있던 링컨이 위트로 역습을 한 것이다.

❖

링컨이 하원의원에 출마했을 때 상대편 후보가 그를 가리켜 신앙심이 없는 사람이라고 비난했다.

그 후보는 청중을 향해 "여러분, 천당에 가고 싶은 사람은 손을 들어보세요"라고 했다. 모두 손을 들었는데 링컨만 손을 들지 않았다. 그러자 그는 링컨을 향해 말했다.

"당신만 손을 들지 않았는데 지옥에 가고 싶소?"

그러자 링컨이 연단에 올라 빙그레 웃으며 말했다.

"천만에요. 나는 지금 천국도 지옥도 아닌 의사당으로 가고 싶을 뿐이오."

❖

어느 날 오후 링컨이 길을 걷고 있는데 한 청년이 길을 막고 링컨의 얼굴에 권총을 겨누었다.

"잠깐, 나는 나보다 못생긴 사람을 총으로 쏘기로 했어!"

그러자 링컨은 청년의 얼굴을 자세히 쳐다보더니 고개를 떨구었다.

"그럼 나를 쏘게. 내가 당신보다 못생겼다면 더 이상 살고 싶지 않으니까."

❖

링컨은 서민적 풍모 그리고 재치와 유머가 정치인으로서 자산이었다.

국민통합과 화합을 이끌어내는 것이 정치인의 중요한 역할인 바 링컨과 같은 통합의 리더십이 필요하다. 링컨처럼 자신의 정적들에게 복수하는 대신 용서와 화해를 하는 것이 쉬운 일은 아니지만 이를 실천하는 사람이 훌륭한 지도자다.

02 아이젠하워 Dwight David Eisenhower

미국 제34대 대통령, 1890-1969

텍사스 출신으로 미 육군사관학교(웨스트포인트)를 졸업했다.

2차 세계대전 당시 유럽연합군 최고사령관으로

노르망디 상륙작전에 성공하여 독일의 항복을 받아내고

전쟁을 종식시켰다.

육군참모총장, 나토군 사령관을 역임하고

컬럼비아 대학 총장을 지낸 후 1953년 대통령에 당선되었다.

1960년 한국을 방문한 최초의 미국 대통령이기도 하다.

아이젠하워는 6·25전쟁 후에 우리나라에 전후 복구와 군사원조,

그리고 어려운 국민들을 위해 아낌없는 생활원조를 하는 등

우리에게는 큰 은인이었다.

1950년대 미국의 원조를 바탕으로 우리는 기아에서 해방되고

선진국 대열에 들어서는데 마중물이 된다.

권력과 골프

아이젠하워 대통령은 두 번의 임기를 마치고 정계를 은퇴한 후 골프를 즐겼다.

어느 날 조지아주에서 골프를 치고 나서 휴식을 취하는데 기자가 질문했다.

"백악관을 떠나신 후 뭔가 좀 달라 진 게 있습니까?"

"당연히 있지. 골프 시합에서 나한테 이기는 사람들이 많아 졌어."

권력의 속성에 대해 일침을 가하는 의미 있는 위트다.

❖

어느 날 아이젠하워가 행사를 마치고 연단에서 내려오다 그만 발을 헛디뎌 넘어졌다. 이를 지켜보던 사람들이 웃음을 터트렸다. 민망한 순간이었지만 그는 미소를 머금고 이렇게 말했다.

"제가 넘어지는 모습을 보고 여러분들이 웃고 즐거울 수 있다면 한 번 더 넘어질 수도 있습니다.”

❖

아이젠하워는 유머를 이렇게 정의했다.

“나로 인해 누군가가 웃을 수 있고 나로 인해 웃는 사람을 보면 마치 내가 웃지 않아도 행복한 마음을 갖습니다. 우리는 약간의 유머 감각으로 인해 새로운 사람과 쉽게 친해질 수 있습니다.”

03 레이건Ronald Reagan

미국 제40대 대통령, 1911-2004

일리노이 출신으로 캘리포니아 주지사를 역임했으며

방송국 스포츠 아나운서로도 재직했다.

영화배우로 활동하며 50여 편의 영화에 출연하기도 했다.

지미 카터의 연임을 저지하고 1981년부터 1989년까지

8년 동안 대통령직을 수행한다.

'미국을 다시 위대한 나라로'를 슬로건으로 대통령에 당선된 그는

젊은 시절 영화배우로서는 성공하지 못했으나

정치계에 뛰어들어 대통령까지 올라가

국제사회에서 미국의 위상을 되찾고

동서 간의 냉전을 종식하는 등 세계평화에도 큰 업적을 이루어냈다.

우리 마누라에게 허락받았나요?

레이건은 전임자였던 카터 대통령의 경제 정책을 의회에서 공격했다.

"경기 침체란 내 이웃이 실직자가 되는 것을 말한다. 불황이란 내가 실직자가 되는 것을 말한다. 경기 회복이란 지미 카터가 실직자가 되는 것을 말한다."

정치적 라이벌인 카터가 대통령을 물러나야만 경기가 회복된다는 의미의 촌철살인 위트다.

❖

1981년 3월 레이건은 괴한의 피격을 받고 총알 제거를 위해 응급실로 실려 갔다. 간호사들이 지혈하기 위해 그의 몸을 만지자 아픈 와중에도 간호사들에게 농담했다.
"우리 마누라에게 허락받았나요?"

또한 긴장감이 감도는 가운데 수술할 의사들이 나타나자 여유롭게 말했다.

"나는 여러분이 모두 공화당 지지자였으면 좋겠는데…."

응급실 유머가 알려진 후 레이건 대통령의 인기는 83%까지 치솟았다. 그러나 다음 해에 지지율이 30% 수준으로 떨어졌다. 참모와 보좌관들이 침울해하고 있자 그는 한마디 조크를 던졌다.

"괜찮아. 걱정하지 마. 총 한 번 더 맞으면 돼."

❖

대통령 후보 선거방송에서 재선에 나선 80대의 레이건이 민주당의 젊은 후보 먼데일에게 나이가 많은 것에 대해 공격받았다.

먼데일: 본인의 나이에 대해 어떻게 생각하십니까?
레이건: 나는 당신이 젊어서 경험이 부족하다는 사실을 정치적 목적으로 이용할 생각은 결코 없습니다.

레이건은 나이가 많았지만 항상 여유만만하고 풍부한 유머를 구사하여 주변 사람들을 즐겁게 해주었다.

외교적으로 소련에 강경했지만 고르바초프가 소련 공산당 서기장에 오른 뒤 유화정책을 펼쳐 냉전의 종식을 통해 동서 화합에도 크게 기여했다.

04 클린턴 Bill Clinton

미국 제42대 대통령, 1946-

조지타운대에서 법학을 전공한 후
예일대 로스쿨을 졸업하여 변호사 자격을 취득했다.
그 후에 아칸소대학에서 법대 교수로 활동하다
1978년 32세 때 미국에서 가장 젊은 나이로
아칸소주지사에 당선되어 정치에 입문했다.
전후(戰後)세대 최초의 미국 대통령이며
역대 3번째(46세) 젊은 나이로 대통령에 취임했다.
당시에 소련이 붕괴되고 세계 경제는 호황이어서 비교적 운이 좋았다.
그는 대통령 재임 중 여비서 르윈스키와의 스캔들로
대법원에서 청문회가 열리는 등 수모를 당했지만
탄핵소추에 큰 영향을 받지 않고 실용적인 경제 및 대외정책에
크게 힘입어 70%에 이르는 지지도를 얻고 재선에 성공한다.

교황님, 하루가 늦으셨군요

클린턴은 정치적 라이벌이었던 밥 도너 의원과 설전을 벌였다. 보수주의자인 밥 도너 의원은 클린턴 대통령을 맹공격했다.

"당신은 병역 기피자에다 바람둥이야. 그리고 완전히 쓰레기야!"

그러자 클린턴은 아주 여유 있게 응수했다.

"나는 밥 도너 의원을 볼 때마다 이 친구에게 광견병 치료약이 필요하다는 생각을 합니다."

❖

르윈스키와의 스캔들이 터지고 아내인 힐러리와의 관계는 당연히 막장으로 치달았다. 영부인 힐러리는 다음과 같이 회고했다.

"그때 남편을 반갑게 맞이했던 가족은 우리 집 개밖에 없었어요."

❖

르윈스키와의 스캔들이 터진 당시 도덕성의 상징인 교황과 관련된 유머가 사람들의 눈길을 끌었다.

클린턴과 교황이 우연히 같은 시간에 저세상으로 떠났다. 그런데 착오가 있었는지 교황은 지옥으로, 클린턴은 천국으로 가게 되었다. 하루가 지난 뒤에야 염라대왕은 자신의 착오를 깨닫고 서로 자리를 옮기도록 했는데, 교황이 천국으로 이동하던 길에 클린턴과 마주쳤다.

"이봐 클린턴, 천국은 자네가 있을 곳이 아니야. 천국은 그야말로 성스러운 곳이지. 어서 지옥으로 가게나. 나는 빨리 천국에 가서 순결을 고이 간직하고 계신 동정녀 마리아를 만나보고 싶어."

그러자 클린턴이 웃으면서 말했다.

"헤헤. 교황님, 하루가 늦으셨군요."

클린턴은 약점이 많은 정치인이었으나 그것을 극복하고 연임하여 8년 동안 대통령직을 수행했다. 그의 매력은 경청의 리더십이었다. 부하나 참모들과 회의할 때 본인이 주로 말하기보다는 대통령이라는 것을 의식하지 않고 자연스럽게 의견을 말할 수 있도록 하는 포용의 리더십이 뛰어났다. 그래서인지 그와 함께 근무하면 그의 팬이 될 수밖에 없다고 했다.

05 조지 W. 부시 George W. Bush

미국 제43대 대통령, 1946-

예일대와 하버드대를 졸업한 후 공군 장교로 군 복무를 마쳤다.

텍사스 주지사를 거쳐 2000년대 최초의 미국 대통령이 되었는데

그는 아버지 부시에 이어 미국 역사상 2번째로

부자(父子) 대통령이 되는 영광도 누렸다.

재임 8년 동안(2001-2009) 수많은 사건이 발생했는데

알카에다의 9·11테러, 아프가니스탄 전쟁, 이라크 전쟁,

서브프라임 금융위기 등 바람 잘 날이 없었다.

9·11 테러 사건으로 미국의 자존심이 무너지자 그는

"문명과 테러의 싸움에 중립지대는 없다"고 하며

테러와의 전쟁을 선포했다.

그림에도 소질이 있어 노무현 대통령 10주기 때는

노 대통령의 초상화를 그려 봉하 마을을 방문하기도 했다.

텍사스의 석양이 아름다운 이유

부시 대통령은 재임 시절 자신의 모교인 예일대 졸업식에서 축사하면서 식장을 웃음바다로 몰아넣었다.

"우수한 성적으로 우등상을 받은 졸업생 여러분, 진심으로 축하합니다. 그리고 C 학점을 받은 학생 여러분도 미국의 대통령이 될 수 있는 자격을 갖추었음을 알려 드립니다. 딕 체니(부통령)는 여기서 공부하다가 학교를 그만두었습니다. 그래서 우리는 예일대를 졸업하면 대통령이 되고 자퇴하면 부통령이 된다는 것을 오늘 알았습니다."

그는 자신과 딕 체니를 비유한 위트를 구사했고 학생들은 박장대소와 함께 열광했다.

❖

2009년 1월 20일 부시는 후임 오바마 대통령 취임식장에서 그를 축하해 주고 고향인 텍사스 주로 돌아가기 위해 헬리콥터에 올랐다.

재임 중 수많은 전쟁과 골치 아픈 일들로 어려움이 많았으나 이를 잘 극복하고 다소 안정된 기분으로 백악관을 떠날 수 있었다. 워싱턴의 수많은 시민의 환송을 받으며 그동안 정들었던 백악관을 뒤로

하고 그리워하던 자기 고향으로 돌아가게 된 것이다.

공중에서 아름다운 미국의 대자연을 감상하며 그가 도착한 텍사스 미들랜드에는 2만 5,000여 명의 인파가 나와 그를 환영했다.

연단에 올라선 부시는 붉게 물든 저녁노을을 가리키며 다소 흥분된 모습으로 귀향 연설을 했다.

"대통령직은 즐겁고 기쁜 경험이었지만 텍사스의 석양에 비하면 아무것도 아닙니다!"

이 말은 환영객들을 열광의 도가니로 몰아넣기에 충분했다.

부시는 대통령직에서 물러나 자연인으로 돌아와 자신의 고향 텍사스의 주민이 된 것을 자랑스럽게 선언한 것이다. 저녁노을보다 더 아름답고 멋진 장면이 아닌가.

06 오바마 Barack Obama

미국 제44대 대통령, 1961-

케냐인 아버지와 백인 어머니 사이에서 태어나
컬럼비아대학교를 거쳐 하버드대 로스쿨을 졸업했다.
졸업 후 시카고 빈민가에서 사회운동, 법학과 교수 및 변호사로
활동했으며 2008년 공화당 존 매케인 후보를 누르고
미국 최초의 흑인 대통령이 되었다.

유권자들에게 시대정신을 압축하는 메시지 "Yes, We can'으로
선거에서 크게 호감을 샀는데,
그의 메시지는 간결하고 명쾌하여 설득력이 뛰어났다.
보수와 진보, 인종차별 없는 하나의 미국을 주창했고
국민들이 그에게 신뢰를 보내준 것은
지도자가 지녀야 할 양심과 정직함 때문이었다.
중동평화회담 등의 공로로 2009년 노벨평화상을 수상했다.

그 돈을 나한테 주시지

전임 부시 대통령과 껄끄러운 관계였던 오바마는 어느 개관식에서 대통령 선거를 위해 뛰고 있는 부시에게 말했다.

"부시 대통령 후보는 사려 깊고 아름다운 두 딸을 키웠습니다. 그런데 그 딸들이 '아빠! 아빠가 생각하는 것만큼 아빠가 멋지지 않거든!' 하면서 대선 출마를 반대했다면서요? 공감되는데요."

❖

재선에 성공한 오바마가 출입기자단 만찬에서 대선 당시 상대 후보에게 막대한 정치자금을 댄 카지노 재벌 셸던 아델슨을 놀려댔다.

"상대 후보에게 1억 달러(약 1,200억 원)를 냈다면서요? 차라리 나에게 그 돈을 주고 대선에 나가지 말라고 했으면 좋았을 텐데요."

❖

오바마가 재임 중 인터넷 방송에 출연했다. 진행자가 말했다.
"당신은 미국의 마지막 흑인 대통령이 되겠군요."
그러자 오바마가 가볍게 웃으면서 말했다.

"그래서 미국의 의료보험제도, 오바마케어를 확실하게 만들어 두려고 합니다."

❖

오바마는 중요한 연설을 앞두고 코미디 작가들을 데려다 지도받았다. 그는 2011년 백악관 만찬에서 자신을 공격해온 트럼프에게 한 방 날렸다.

"트럼프, 당신은 이제 내 출생의 비밀을 캐지 말고 진짜 의미 있는 일에 몰두해보세요. '미국의 달 착륙이 날조인가' 같은 문제들 말이죠."

트럼프도 웃음을 참을 수 없었다.

오바마는 인종차별을 극복하고 자신의 약점을 유머와 위트로 승화시켜 국민들의 공감을 얻은 풍운아였으며, 뛰어난 스피치 능력으로 통합을 끌어낸 대통령이었다.

07 로버트 케네디 Robert Kennedy

전 미국 법무장관, 1925-1968

존 에프 케네디 대통령의 동생으로 하버드대학을 거쳐

버지니아대학의 로스쿨을 졸업하고 변호사로 사회활동을 시작했다.

1960년 대통령 선거에서 형의 선거운동본부장으로

정치에 발을 들여놓았는데 형이 대통령에 당선되자

역사상 가장 젊은 36세의 나이로 법무부장관에 발탁되었다.

1963년 형이 암살당한 후 1968년 민주당 대통령 후보로 출마했으나

유세 중에 요르단계 이민자의 총격을 받고 LA에서 피살당했다.

당시에 민주당 후보자 중에서 가장 지지율이 높아 대통령 당선이

유력했으나 안타깝게도 형의 운명을 따라간 것이다.

와세다 대학에서 부른 노래

1962년 당시 법무부장관이었던 로버트 케네디는 일본 와세다 대학을 방문하여 연설을 하게 되었는데, 2차 세계대전 패전 후의 일본은 미국에 대한 적개심으로 불타올랐다. 그가 강연을 위해 대강당에 입장하자 학생들은 모두 일어나 "양키 고 홈"을 외쳤다. 당황한 비서들이 퇴장을 종용하였으나 그는 연단에 올라 말없이 한참 동안 학생들을 바라보더니 입을 열었다.

"내가 아는 노래가 하나 있는데 한 곡 부를 테니 양해해 주십시오."

강당 안이 어느 정도 조용해지자 그는 작은 목소리로 노래를 부르기 시작했다. 그때 청중들이 하나둘씩 일어나더니 물결처럼 퍼져나가며 대부분의 학생들이 일어나 함께 노래를 부르는 기적이 나타났다.

그가 부른 노래는 와세다 대학의 교가였다. 학생들은 교가를 부르고 나자 반미구호가 사라지고 케네디는 연설을 무사히 마칠 수 있었다.

08 처칠 Winston Churchill

전 영국 총리, 1874-1965

처칠은 1차 세계대전 때에는 영국의 해군 장관을 맡았고,
2차 세계대전 당시에는 영국의 총리를 지내는 등
정치인, 군인, 문학가로도 이름을 날렸다.
왕립 육군사관학교(샌드허스트)를 졸업하고 기병대 소위로 임관했다.
1940년 2차 세계대전 중에 총리에 취임하여 실의에 찬 국민들에게
유명한 연설로 희망을 주었다.
"내가 국가와 국민에게 바칠 것은 피와 땀과 눈물뿐이다."
그는 문학에도 소질이 있어 종군기자 활동은 물론
1953년에 《제2차 세계대전》으로 노벨문학상을 받기도 하였다.
뛰어난 유머와 위트로 국민들에게 웃음을 주고
국가의 명예를 회복하는 등
영국 국민들의 절대적인 사랑과 존경을 받는 지도자로 남아있다.

내가 늦잠을 자는 이유

처칠이 처음으로 하원의원에 출마했을 때 상대 후보는 유세장에서 그를 맹렬하게 공격했다.

“내가 듣기로 처칠은 매일 늦잠 자는 게으름뱅이라고 소문이 자자합니다. 그런 게으름뱅이가 어떻게 대영제국을 대표하는 의원이 될 수 있나요?”

뒤이어 단상에 등장한 처칠이 점잖게 응수했다.

“맞습니다. 저는 매일 늦잠을 잡니다. 그러나 당신도 나처럼 예쁜 마누라와 살아보시오. 아침에 일찍 일어날 수 있는지…”

청중들은 폭소를 터트렸고 선거에서 처칠이 당선되었다.

❖

처칠은 91세까지 장수했는데 말년에 젊은 기자가 그를 인터뷰하면서 말했다.

“내년에도 건강하게 뵈었으면 좋겠습니다.”

그러자 처칠이 말했다.

"내년에도 못 만날 이유가 있는가? 자네는 아주 건강해 보이는데…."

❖

처칠이 수상이었을 당시 그를 영 탐탁지 않게 여기던 야당의 여성 의원 에스더가 처칠에게 말했다.

"내가 당신의 아내라면 당신 커피에 독약을 탈 거예요."

그러자 처칠이 대답했다.

"의원님, 만약 내가 당신의 남편이었다면 난 그 커피를 마실 겁니다!"

❖

처칠이 의회가 열리는 시간에 쫓겨 급히 차를 몰고 가다가 속도위반으로 경찰에 걸렸다.

"나, 수상인데 의회 시간이 급해서 그러니 한 번만 봐주게."

이 말을 듣고 경찰은 "모습은 수상 같은데 거짓말을 하는군요. 우리 처칠 수상은 교통 법규를 위반할 리 없습니다." 하면서 벌점을 부과했다.

처칠은 나중에 경찰 총수에게 전화를 걸어 자신의 본분에 충실한 그 경찰에게 특별승진을 해달라고 요청했다. 경찰 총수가 말했다.

"그런 일로 특별승진은 안 됩니다. 그것은 경찰의 도리요 역할이니까요."

❖

처칠이 수상일 때 야당이 '대기업 국유화'를 주장하자 의회에서 격론이 벌어졌다. 쉬는 시간에 처칠이 화장실에 갔는데 야당 당수인 애틀리가 소변을 보는 중이었다. 그 옆자리가 비어 있었으나 처칠은 기다렸다.

애틀리가 "옆자리가 비었는데 왜 안 쓰는 거죠?"라고 묻자 처칠은 이렇게 답했다.

"당신들은 큰 것만 보면 국유화하려는데 만일 내 것이 국유화될까 봐 걱정되어서요."

시대가 영웅을 낳는다. 시대가 낳은 영웅이 전 세계의 미래에 큰 영향을 미치기도 한다. 처칠은 그런 지도자였다.

09 드골Charles De Gaulle

전 프랑스 대통령, 1890-1970

프랑스 시골의 소도시 콜롱베 출신으로
육군사관학교(생시르)를 졸업했다.
제1차, 2차 세계대전에 참여했으며 후에 국방장관을 거쳐
1959년부터 1969년까지 10년 동안 프랑스 대통령을 지냈다.
드골은 나치의 압제에서 프랑스를 해방시키고
위대한 프랑스 재건을 이룩한 프랑스 국민의 자존심이다.

196cm의 장신에 강한 민족주의 성향과 원칙을 중시했으며
모범적인 사생활과 검소한 생활로 국민들의 존경을 받았다.
그러나 1969년 자신이 제안한 법률이 국민투표에서 부결되자
임기 3년을 남겨놓은 상태에서 '이제 나의 시대는 끝났다'는
말을 남기고 고향으로 돌아갔다.
드골은 자존심 강하고 권위를 중요시했으며
결단력이 뚜렷한 정치인이었다.

그럼 친구들을 바꿔 보세요

어느 날 드골은 정치 성향이 완전 다른 의원과 대화를 나누었다. 그 의원이 드골에게 말했다.

"각하, 제 친구들은 각하의 정책을 마음에 들어 하지 않습니다."

그러자 드골은 대수롭지 않다는 듯 말했다.

"그래요? 그럼 친구들을 바꿔 보세요."

❖

드골은 암살을 당할 뻔한 적이 있다. 암살을 시도한 범인이 여러 번의 총격을 가하고도 실패하자 드골은 참모들에게 농담했다.

"그 친구 사격 실력이 형편없더군."

❖

드골은 가정적인 면에서 아픔이 있었는데, 외동딸이 다운증후군을 앓았다. 그래서 딸 안느에 대한 애정이 각별했다. 그러나 애지중지하던 딸은 20세에 세상을 떠나는데, 무덤 앞에서 슬픔을 억누르던 부인이 드골에게 말했다.

"우리 아이는 왜 다른 아이와 달랐을까요?"

그 말을 듣고 드골이 담담히 말했다.

"이제 안느도 다른 아이들처럼 되었소."

❖

드골은 자신이 떠날 때를 아는 정치인이었다. 그는 임기 3년을 남겨놓고 자신이 추진했던 헌법개정안이 국민투표에서 부결되자 '나는 오늘밤 12시를 기해 대통령직을 사임한다.' 단 한 줄로 하야 성명을 발표하고 그날 밤 자신의 고향 콜롱베로 낙향했다.

전임 대통령에게 주어지는 모든 혜택, 대통령연금과 유족연금을 모두 포기하고 평범한 시민으로 살았고, 다음과 같이 유언하고 생을 마감했다.

"가족장으로 하고 묘비에는 어떤 직함도 쓰지 말 것이며 이름과 출생, 사망일만 적어서 안느 옆에 묻어 달라."

유언대로 고향마을 공동묘지에 묻혔으며 묘비명은 간단했다.

'샤를 드골, 1890-1970'

한 인간의 위대함이 어떤 것인가를 보여주고 그는 세상을 떠났다.

10 다케시타 노보루Takeshita Noboru

전 일본 총리, 1924-2000

제2차 세계대전 중 육군항공대에 입대하여 종군한 후
와세다대학을 졸업했다.
젊었을 때는 중학교 교사도 했으며 적을 만들지 않는
원만한 성격의 소유자였다.

총리 재임 중인 1987년에
"한반도에 대한 과거 식민지 지배를 반성하고 사과한다."며
한일관계 개선을 위해 노력했다.
일본 정계에서 파벌정치의 대가라는 비난을 받으면서도
킹메이커로서 장기간 실세로 활동했다.

일본 내 대표적인 지한파로서 오랫동안 한일의원연맹 회장을 맡았고
우리나라와의 우호 증진에도 크게 기여한 인물이다.

치매의 4단계가 뭐죠?

다케시타 노보루는 국제사회에서 외국의 정상들을 만날 때마다 유머를 즐겨 사용했다.

다음 유머는 일본을 방문하는 외국 정상들에게 자주 사용하여 각국 지도자들에게도 많이 전파되었다.

치매의 4단계

1단계: 사람의 이름을 잊어버린다.

2단계: 사람의 얼굴을 잊어버린다.

3단계: 용변 후 지퍼 올리는 것을 잊어버린다.

4단계: 용변 전 지퍼 내리는 것을 잊어버린다.

이 유머를 국제외교계에서 많이 사용하자 처음 전파했다는 외국 관료가 이 유머를 사용할 때마다 사용료를 지불하라고 했다는 조크도 있다.

(매일경제신문, '유머도 글로벌 스탠더드로'에서 인용)

11 흐루쇼프 Nikita Khrushchyov

전 소련 총리, 1894-1971

광부의 아들로 태어나 어릴 때는 판금공으로 지냈다.

1935년 모스크바 시당위원회 제1서기가 되었는데

이 자리는 후에 권력핵심으로 통하는 요직이었다.

1953년 스탈린 사망 후 최초의 중앙위원회 총회에서

제1서기로 선출되어 소련의 최고지도자가 된다.

쿠바 미사일 사건이 발생하여 미국과 전쟁 일보 직전까지 가게 되는데

케네디 대통령과 대화로 문제를 해결함으로써

동서 냉전 시대를 끝낸 인물로 평가된다.

1953년부터 1964년까지 소련 총리를 역임한 그는

전임자인 스탈린이 사망하자 그의 정책을 비판하며

미국, 서방국가와 공존주의를 모색하는 등 세계평화를 위해

노력했으나 쿠바 미사일 사건 후유증으로 실각하게 된다.

왜 없는 사람을 욕하는 겁니까?

흐루쇼프가 취임 후 어느 날 강연장에서 전임 수상 스탈린 욕을 했다. 청중 한 사람이 손을 들고 그에게 항의했다.

"왜 스탈린이 살아 있을 때는 꼼짝 못 하더니 죽고 나니까 비겁하게 욕을 합니까?"

이때 소련 KGB 요원들이 달려들어 끌고 나가려고 하자 그는 겁에 질려 몹시 불안해했다. 흐루쇼프가 "잠깐!" 하더니 연단에서 내려와 그가 있는 쪽으로 걸어갔다. 흐루쇼프가 노려보자 그는 몹시 겁먹은 표정으로 떨고 있었다.

"무섭지? 그래서 나도 못 했다."

대부분의 정치인들은 권력을 잡으면 충성했던 전임자들로부터 돌아서게 된다. 그리고 전임자를 비난할 때 이를 비판하는 사람을 용서하지 않는다.

그래서 흔히 권력을 가진 사람들에게 교훈이 되는 격언이 있다.

"아부하는 사람은 충성하지 않으며, 직언하는 사람은 배신하지 않는다."

12 고르바초프 Mikhail Gorbachyev

전 러시아 최초의 대통령, 1931-2022

농민의 아들로 태어나 모스크바 대학에서 법학을 전공한 후

공산당에 입당하여 활동했다.

1985년 54세의 나이로 공산당 서기장이 되어

개혁과 화해를 추구하는 외교정책으로

동서 냉전을 종식하고 소련 붕괴를 가져왔다.

페레스트로이카 정책을 통해 동유럽의 민주화를 확산시키고

한국과의 수교도 이루어졌다.

1989년에는 분리된 러시아의 초대 대통령이 되어

정치적 자유를 도입하고 사회주의 개혁을 단행하여

동서 냉전 해소에 기여한 공로로 1990년 노벨평화상을 수상한다.

푸틴을 지지하다가 푸틴이 우크라이나를 침공하자 그를 비판하면서

사이가 멀어지고 푸틴은 그의 장례식에도 참석하지 않았다.

시내 통화라 그래요

고르바초프가 백악관을 방문하자 부시 대통령이 자랑스럽게 말했다.

"이 방의 전화는 천국이나 지옥 어디와도 통화가 가능합니다. 한번 걸어볼까요?"

그러고는 지옥에 있는 빈 라덴과 통화를 했다.

통화가 끝난 후 전화국에서 고지서가 날아왔는데 1,000달러였다.

고르바초프: 너무 비싸지 않습니까?

부시: 장거리 통화라 어쩔 수 없습니다.

다음 해에 부시 대통령이 크렘린을 방문했다. 고르바초프가 자랑스럽게 말했다.

"내 전화도 지옥이나 천국 어디와도 통화가 가능합니다."

고르바초프는 국번을 돌려 스탈린과 통화했다.

전화를 끊고 나자 교환원으로부터 요금통지서가 날아왔는데 1루블이었다.

부시: 아니, 요금이 왜 이렇게 싸죠?

고르바초프: 시내 통화라 그렇습니다.

(매일경제신문, '유머도 글로벌 스탠더드로'에서 인용)

미국은 지옥이 먼 데 있어 요금이 많이 나오고, 러시아는 지옥이 가깝게 있어서 요금이 싸다는 것을 기발하게 풍자한 것이다.

고르바초프는 재임 중이었던 1990년 우리나라와 공식 수교를 함으로써 남북 긴장 완화에도 기여했다.

1991년 4월 러시아 최고지도자로는 우리나라를 처음 방문하여 제주도에서 노태우 대통령과 정상회담을 가졌고, 그 후 다시 방문하여 한국외국어대에서 명예 정치학 박사학위를 받았다.

13 루스벨트 Flanklin Delano Roosevelt

미국 제32대 대통령, 1882-1945

뉴욕 출신으로 하버드대학과 컬럼비아대학에서 법학을 전공하여
변호사가 되었다.
39세의 나이에 갑자기 소아마비로 두 다리가 불구가 되었으나
미국 역사상 유일무이하게 4선 대통령이 되어
1933년부터 1945년까지 미국을 이끌었다.

1929년 대공황이 발생하자 뉴딜(New Deal) 정책으로
큰 어려움을 극복하여 국민들의 절대적인 신임을 받았다.
미국의 위대한 대통령 3위로 등장할 만큼 국민들의 존경을 받으며
1943년 카이로 선언으로 한국을 자유 독립국가로
승인할 것을 결의하는 데 주도적 역할을 했다.
4선 대통령 임기 중 1945년 뇌일혈로 세상을 떠났다.

휘파람을 불어 본 적이 없으니까

어느 날 휠체어에 앉은 루스벨트가 부인 엘리너에게 농담을 던졌다.

"이렇게 몸이 불편한 나를 아직도 사랑하오?"

그러자 부인이 대답했다.

"나는 당신의 다리를 사랑한 것이 아니라 당신을 사랑했어요."

❖

대통령 재임 시절에 단 한 번도 초조해하거나 낙담한 모습을 보이지 않은 것으로 유명한 루스벨트 대통령에게는 특별한 비결이 있었다. 그는 남다른 낙관주의자였다.

다음은 루스벨트와 신문기자의 대화 내용이다.

기자: 걱정된다든가 마음이 초조할 때는 어떻게 마음을 다스리십니까?

루스벨트: 휘파람을 붑니다.

기자: 그렇지만 대통령께서 휘파람을 부는 것을 들었다는 사

람이 없던데요.

루스벨트: 당연하죠. 아직 휘파람을 불어 본 적이 없으니까요.

이것은 걱정되거나 초조한 마음이 아직은 없었다는 의미가 담긴 위트였다.

❖

루스벨트는 라디오를 통해 국민들에게 현안문제들에 대하여 노변정담(爐邊情談)을 자주 했다. 솔직담백한 그의 연설은 대공황과 세계대전의 절망과 혼돈에 휩싸였던 미국 국민들에게 큰 희망을 주었다.

루스벨트가 말한 훌륭한 '리더의 조건'은 현재도 리더십 개념의 바이블이 되고 있을 만큼 많이 인용되고 있다.

"훌륭한 리더는 자신이 바라는 일을 맡길 적임자를 고르는 감각이 있으며, 그들이 그 일을 하는 동안 간섭하지 않는 자제력이 있어야 한다."

14 만델라Nelson Mandela

전 남아프리카공화국 대통령, 1918-2013

백인들이 세운 나라인 남아프리카공화국 최초의

흑인 대통령이자 인권운동가로서

종신형을 선고받고 27년간 복역하면서

세계인권운동의 상징적인 존재가 되었다.

1990년 2월 석방되자 프랑스, 영국, 미국 등을 여행하며

세계 지도자들을 만나

많은 대화를 나누며 관계를 넓히고 정치적 감각을 키웠다.

오랫동안 지속되어 온 남아공의 흑백 인종문제를 대화로 해결하고

1993년 노벨평화상을 수상했다.

1994년에 대통령으로 선출되면서 350여 년에 걸친

흑백 인종차별주의를 종식하고 미래를 향해 나아간다.

1995년과 2001년 두 차례 우리나라를 방문했다.

내가 한국에서 받고 싶은 선물

만델라는 유머와 위트가 넘치는 지도자였다.

대통령직에서 물러난 후 후임 타보 음베키 대통령이 외국 지도자와 정상회담을 하는 자리에서 카마훈장을 받게 되었다. 만델라는 감사 인사를 하려고 연단에 올랐다.

"이 단상은 대통령을 위한 자리인데 오늘은 퇴직한 늙은이가 대통령 대신 스포트라이트를 받고 있으니 우리 음베키 대통령이 싫어할 것입니다."

식장은 순식간에 웃음바다가 되었는데, 만델라는 다시 말을 이어갔다.

"저에게 이런 값진 상을 주셔서 감사합니다. 하지만 저는 퇴직한 몸입니다. 만약 어느 날 돈이 다 떨어지면 이 훈장을 다시 팔겠습니다. 아마 누군가 비싸게 사겠지요. 그분은 바로 음베키 대통령일 것입니다."

이 말을 들은 음베키 대통령은 박장대소를 했고 식장은 파도처럼 웃음이 넘쳐났다.

❖

1995년 7월 만델라는 김영삼 대통령 초청으로 우리나라를 방문했다. 정상회담을 위해 청와대를 찾아 방명록에 서명하고 환영에 만족감을 표시했다. 그리고 다음과 같은 위트로 정상회담 분위기를 고조시켰다.

"대한민국은 대단히 아름다운 나라다. 남아프리카공화국을 줄 테니 한국을 달라."

❖

1994년 그의 대통령 취임식장에서 있었던 일이다. 각국의 지도자들을 소개하고 마지막으로 교도소에서 그를 괴롭히고 감시했던 교도관 3명을 소개하며 머리를 숙여 경의를 표하는 모습이 전 세계를 감동시켰다.

만델라는 말했다.

"내가 젊었을 때 성격이 불같고 화를 잘 냈었는데 수감생활을 하면서 감정을 절제하는 것을 배웠다. 또한 감사하는 마음과 관용의 정신을 배웠다. 그것이 현재의 나를 존재하게 하는 원동력이었다."

"내가 감옥에서 풀려나왔을 때 억압하는 자와 억압받는 자 둘 다를 해방시키는 것이 나의 사명이었다."

만델라는 한 인간의 '화해와 용서를 통한 화합'이 국가와 나아가 인류사회에 얼마나 위대한 역할을 하는지 보여준 좋은 본보기이다.

❖

그런 그에게도 부부 문제만큼은 해결이 어려웠나 보다. 27년 동안 교도소 생활을 끝내고 나와 부인과 이혼했다. 그는 말했다.

"결혼은 진짜 어려운 거야. 결혼생활이 얼마나 어려우면 만델라도 이혼했겠어."

15 푸틴 Vladimir Putin

러시아 대통령, 1952-

러시아 KGB 출신으로 보리스 옐친이 대통령 시절
총리로 임명하여 지도자로 부상했다.
1999년 푸틴은 옐친 대통령 사임으로 권한대행이 되었고
2008년까지 러시아 대통령을 지냈다.
대통령에서 물러난 뒤 다시 총리에 올랐다가
2012년과 2018년에 다시 대통령으로 선출되었다.
2020년 대통령 연임제한 철폐로 종신집권의 길을 열었다.
미국과 서방세계의 미움으로 국제사회에서는 고립되고 있지만
아직 국내에서는 국민들의 신임을 받고 있다.
2022년 우크라이나를 침공하여 전쟁 중이지만
그는 강력한 통치력으로 러시아를 이끌고 있다.

푸틴의 착각

푸틴이 국방장관을 불러 우크라이나와의 전쟁상황에 관해 질문했다.

푸틴: 앞으로 몇 놈이 더 죽어야 전쟁이 끝날까?

국방장관: 예, 한 놈만 죽으면 끝납니다.

국방장관의 말은 '푸틴, 당신만 죽으면 전쟁이 끝난다'는 위트인데 푸틴이 과연 눈치챘을까?

16 프란치스코 Pope Francis

제266대 교황, 1936-

아르헨티나 출신으로 1282년 만에 선출된 비유럽 교황이며
가톨릭교회 역사상 첫 미주 출신, 첫 예수회 출신 교황이기도 하다.
대학에서는 화공학을 전공했으나 후에 신학교에 입학해
1969년 사제서품을 받았다.
대주교가 된 후에도 주교관 대신 작은 아파트에서 생활하고
대중교통으로 출퇴근하며 빈민가에서 어려운 사람들을 대상으로
활동하는 등 서민적인 모습을 보였다.
격식에 매이지 않으며 소탈하고 검소한 성격으로
청빈, 겸손, 소박함의 대명사인 '아시시의 성 프란치스코'를
따르겠다는 의지로 교황 이름을 정하였다.

추기경들이 지은 죄

프란치스코는 2013년 건강상의 이유로 사임한 베네딕토 16세의 뒤를 이어 로마가톨릭교회의 교황으로 선출되었다.

한 인터뷰에서 그는 다음과 같이 말해 주변을 폭소의 도가니로 몰아넣었다.

"주여, 부족한 저를 교황으로 선출한 추기경들의 잘못을 용서하소서."

이 말은 대단한 의미가 담긴 위트였다. 나 같은 죄인을 2억 천주교인을 대표하는 교황으로 뽑은 것은 추기경들의 실수라는 의미도 있고, 비판받는 교황청 바티칸을 개혁해야 한다는 추기경들에 대한 역설적 경고의 뜻도 담겨있다.

❖

그는 취임 후 교황 전용 관저에 거주하는 대신 바티칸 사제들의 공동숙소인 '카사 산타 마르타'에서 살고 있다. 왜 그러냐고 물으면 이렇게 대답한다.

"나는 관저에 살았던 전임 교황들처럼 대단한 성인이 못 된다."

이는 전임 교황들과 비교해 자신이 부족하다는 겸손의 의미도 있고, 사람들과 만나 어울리면서 평범하게 생활하고 싶다는 인간적 모습도 나타난다.

프란치스코 교황은 높은 권위에서 내려와 가난하고 소외당하는 사람들 곁으로 다가가는 행동으로 존경받고 있다.

교황청을 방문하는 방문객들의 수가 전임자 때보다 월등히 많아졌다는 점에서 그에 대한 기대도 크다는 것을 알 수 있다.

가톨릭의 최고지도자지만 권위를 버리고 가벼운 위트로 사람들을 만나는 매력이 그를 더 가치 있게 만드는 것 같다.

2014년에 한국을 방문하여 '아시아 청년대회'를 위해 대전 월드컵경기장에서 미사를 집전하기도 하여 우리에게는 친숙한 교황이다.

17 한국의 대통령들

한국의 대통령들은 미국이나 서방세계의 정상들에 비해
유머와 위트가 매우 부족한 편이다.
유머와 위트는 대화 중에 직설법이 아닌 간접적으로 적절히 표현하여
상대방의 급소를 가격하는 것이 핵심인데
그러기 위해서는 상당한 테크닉과 순발력 및 지적 무장이 필요하다.

우리나라 정치인들이 가끔 사용하는 유머는 기존에 유통하는 것들을
분위기에 따라 전달하는 정도의 수준이라고 할 수 있다.

역대 대통령과 관련된 유머들이 많이 있으나
세속적으로 표현된 것들이 많아 생략하고 몇 가지만 소개해 본다.

전두환 대통령

국무회의에서 경제기획원 장관이 전두환 대통령에게 경제 상황을 보고했다.

장관: 각하, 경제가 위험수위에 다다르고 있습니다.

대통령: 그래요? 그럼 물을 빼면 될 것 아니오.

❖

5공 신군부 시절에 대학생들이 데모를 주동하다가 안기부에 끌려와 실컷 두들겨 맞고 인상을 쓰고 있었다.

안기부 직원: 꼬우냐?

대학생: 아니 꼽습니다.

안기부 직원: 어, 이 자식 봐, 기분 나빠?

대학생: 안기분 나빠요.

❖

검사가 데모를 주동한 두 학생에게 질문했다.

검사: 대통령을 뭐라고 했나?

학생A: 돌대가리라고 했어요.

검사: 너는 국가기밀 누설죄.

검사: 너는 대통령을 뭐라고 했나?

학생B: 위대한 지도자라고 했어요.

검사: 너는 허위사실 유포죄.

김영삼 대통령

김영삼 대통령은 경상도의 센 억양이 유머의 소재로 등장하는 경우가 많다.

김 대통령이 어느 날 경주의 관광 활성화를 위해 현지에 가서 국무회의를 주재했다.

"앞으로 갱주를 세계적인 강간의 도시로 만들겠습니다."

이때 바로 앞에 앉아서 듣고 있던 외무부 장관이 당황하여 대통령에게 작은 목소리로 말했다.

"각하, 강간이 아니고 관광입니다."

그러자 대통령이 외무부 장관에게 말했다.

"당신은 애무(외무)나 잘하시오."

김대중 대통령

김대중 대통령은 비교적 상황에 맞게 유머와 위트를 구사하는 능력을 갖춘 것으로 알려져 있다.

1985년 2월 8일 김포공항.

신군부의 등장으로 미국에서 망명 생활을 하던 그가 정부의 반대를 무릅쓰고 국회의원, 학자, 인권운동가 등 22명의 미국 측 인사들과 함께 귀국했다. 그의 신변에 이상이 생길 것을 염려하여 보호하기 위한 배려였다.

당시 정부에서는 이를 못마땅하게 여기고 '사대주의적 발상'이라고 공격했다. 김대중은 이렇게 응수하여 정부 관계자들을 머쓱하게 했다.

"공항을 나올 때 내가 그들 뒤에서 따라왔으면 몰라도 내가 맨 앞에 나오고 그들이 나를 따라왔는데 왜 내가 사대주의자란 말인가?"

노무현 대통령

노 대통령이 지방을 방문하자 어느 지지자가 건강관리를 잘하라면서 홍삼을 선물했다.

지지자: 대통령님, 요즘 건강 좋으시죠?
대통령: 대통령 건강은 국가 비밀입니다.

지지자: 이거 홍삼인데 몸에 좋으니까 많이 드세요.
대통령: 우리 마누라에게 얘기하면 안 됩니다.

❖

노 대통령의 임기 말 지지율이 10%대로 떨어졌을 때 시중에 회자했던 유머다.

어느 젊은이가 저수지 옆을 지나가는데 한 사람이 저수지 가운데서 허우적거리며 구조를 요청했다. 길을 가던 젊은이가 옷을 입은 채로 뛰어 들어가 구해주고 보니 노무현 대통령이었다.

"이봐 젊은이, 목숨을 구해줘서 고맙네. 내가 대통령인데 소원 하나를 들어 줄 테니 말해보게."

그러나 젊은이는 한참을 망설이다가 어렵게 말문을 열었다.

"다음에 제가 죽으면 국립묘지에 묻힐 수 있게 해주세요."

"그 정도야 들어 주겠네. 그런데 젊은 사람이 왜 벌써 죽을 걱정을 하지?"

"저는 이제 마을에 가면 맞아 죽어요."

이명박 대통령

성공한 샐러리맨의 상징이었던 이명박 시장에게 많은 국민들은 경제대통령이 되기를 희망하여 절대적인 지지를 보냈으나 취임 초기 BBK 김경준 씨 사건 등으로 코너에 몰리게 되었다.

어느 날 기자회견장에서 있었던 일이다.

기자: BBK 사건으로 김경준에게 사기를 당한 사람이 어떻게 거대한 국가 경제를 이끌 수 있나요?

대통령: 글쎄요. 경찰서장 집에도 도둑이 들더라고요.

❖

대통령 선거 기간에 여러 소문이 난무했다. 그 와중에 기자가 부인 김윤옥 여사에게 질문했다.

기자: 남편에게 숨겨놓은 자식이 있다는데 그 소문을 알고 계신가요?

부인: 그래요? 좀 데려와 주세요. 바쁜데 일 좀 시키게….

김 여사의 가벼운 위트 한마디로 더는 소문이 확산되지 않았다.

박근혜 대통령

박근혜 대통령 시절에 청와대 직원들이 비아그라를 단체로 사들였다는 유언비어가 인터넷상에 퍼져나갔다. 무슨 이유였을까?

청와대 직원들 전체 조회에서 대통령이 지시했다.
"앞으로 모든 결재는 **서**면 보고 하세요."

❖

다음은 비서가 아이디어를 준 듯한데, 언젠가 기자들에게 실제 사용했던 유머다.

어느 무도장에서 한 부인이 조신하게 앉아 있었다. 여러 남자가 와서 정중하게 인사하며 함께 춤을 추자고 요청했으나 모두 거절했다.
어느 충청도 남자가 와서 하는 한마디에 그녀는 따라나섰다.
그의 한마디 비결은?

"출 꺼?"

문재인 대통령

부시 대통령이 백악관에서 기도하고 있었다.

"신이여, 부디 이스라엘과 팔레스타인 문제를 평화적으로 해결하게 하여 주십시오."

신이 응답했다.

"좋다. 소원을 들어주마. 그러나 너의 임기 중에는 어렵다."

문재인 대통령도 청와대에서 기도하고 있었다.

"신이여, 아무쪼록 대한민국의 남북문제를 해결하여 주십시오."

신이 응답했다.

"좋다. 소원을 들어주마. 그러나 나의 임기 중에는 어렵다."

4장

문학 속 문인들의 촌철살인

••••••••

옛시조나 현대시들은 상징과 은유, 비유와 응축의 효과가 절묘하다.
표현하고 싶은 마음을 함축된 단어로 표현할 뿐만 아니라
사회, 정치 사건들을 교훈적으로 녹여내는 기술이 뛰어나
독자들의 탄성을 자아내게 한다.

이야기를 거창하게 설명하지 않고 한 수의 문장으로
독자의 마음을 사로잡고 두터운 정을 나눌 수도 있는 게
옛시조와 현대시의 매력이다.

작가들은 복잡한 상황이나 혼란스러운 사회현상을
기막히게 풍자하는 능력이 탁월한데
단어와 문장 하나하나에서 국민 혹은 독자의 생각을 대변하고
가려운 곳을 긁어준다.

옛시조와 현대시에 나타난 작가들의 촌철살인 위트 속에는
인생의 고귀한 교훈이 담겨있다.

01 황진이 黃眞伊

조선 전기 기생, 출생·사망 미상

조선시대 4대 여류시인(황진이, 매창, 이옥봉, 허난설헌) 중 한 사람이다.
기명은 명월(明月)이고, 시와 음악의 재능을 갖추었으며
미모까지 겸비했다.
그녀는 당시 사대부의 이중성을 세상에 밝히고자
서녀라는 신분상 운명보다 자유를 선택하여 기생이 되었는데
신분의 굴레에 속박되지 않고 예술과 자유를 추구하며
주옥같은 시를 많이 남겼다.
당대의 대학자 서경덕을 유혹하려 했으나 실패하여
사제관계를 맺었다는 일화는 유명하다.
박연폭포, 황진이, 서경덕을 '송도삼절'이라 일컬을 만큼
황진이는 그 시대의 여걸이었다.

청산리 벽계수야

청산리(青山裏) 벽계수(碧溪水)야 수이감을 자랑마라
일도창해(一到滄海) 허면 다시 오기 어려우니
명월이 만공산 허니 쉬어간들 어떠리

벽계수는 푸른 물 또는 송도에 부임한 청렴결백한 선비이고, 일도창해는 넓은 바다에 다다르는 것, 명월은 황진이 자신이다.

당대의 최고 호인인 청백리 벽계수를 유혹하는 시로서 현대적으로 해석하면 다음과 같다.

공직에서 잘나간다고 자랑하지 마라. 한 번 가면 돌아올 수 없는 것이 인생이니 나와 함께 인생을 즐겁게 놀다 가는 것이 좋지 않겠느냐는 마음을 은유적으로 표현하여 상대의 마음을 유혹한다.

아무리 고고한 정승도 재색을 겸비한 여인에게는 유혹당할 수밖에 없는 것이니 남녀 간의 사랑은 시간과 공간과 신분을 초월하는 것이다.

02 매창 梅窓

조선 중기 기생, 1573-1610

매창은 '매화 핀 창'이라는 뜻이다.

조선시대 황진이와 비견되는 부안군의 관기로서

그녀는 천민 출신 시인 유희경의 연인이었다.

재치 있고 정감 넘치는 언어들로 시를 표현하는데 뛰어났다.

한시는 물론 거문고, 가야금에도 능했으며

특히 남녀 간의 사랑을 은유적으로 표현하는데

뛰어난 재능을 지니고 있었다.

당대 최고의 시 비평가였던 허균이 매창의 재주를 높이 평가했는데

그녀는 허균을 통해 많은 문인들과 시를 주고받았다.

38세에 요절한 그녀는 전북 부안에 무덤이 있고

근처 개암사 주변에 '매창공원'을 조성하여

많은 작품이 시비(詩碑)로 남아 관광객들을 유혹하고 있다.

취하신 님

다음 시는 매창을 좋아하는 관리가 함께 술을 마시다가 그녀를 끌어안고 사랑을 나누려 할 때의 마음을 해학적으로 표현한 것이다.

취하신 님 사정없이 날 끌어당기더니
끝내 비단적삼 찢어 놓았네
적삼 하나가 아까워서 그러는 게 아니여
맺은 정 끊어질까 두려워 그렇지

당시의 기생들은 그 지역을 관할하는 행정관리들을 함부로 대하지 못했다. 매창은 술에 취한 단골손님 관리가 덤벼들며 집적댄다고 몸을 허락하지 않고 시를 지어 스스로 무안하게 만들었다고 한다.

취한 손님이 갑자기 사랑의 행동을 하자 당황하여 몸을 피했는데 명주저고리가 찢어졌다. 비싼 옷이 아까운 게 아니라 그동안 맺어놓은 정이 이 일로 끊어질까 두렵다는 내용의 고차원적인 위트가 살아 있다.

03 이옥봉 李玉峯

조선 중기 여류시인, 1526-?

조선 중기의 여류시인으로

양녕대군의 고손자이자 선조 때 옥천군수를 지낸

이봉(李逢)의 서녀였다.

그녀는 자신이 왕실의 후예라는 점에 상당한 자부심이 있었고

당대 문인들에게도 시적 재능을 인정받았다.

조선 4대 여성 시인 중 한 사람으로

그녀의 시는 맑고 깨끗하다는 평가를 받았는데

파주시 광탄면에 그녀의 묘소가 있다.

칠월칠석

만나고 또 만나고 수없이 만나는데 무슨 걱정이랴
뜬구름 같은 우리네 이별과는 견줄 것도 아니라네
하늘에서 아침저녁 만나는 것을
사람들은 일 년에 한 번이라 호들갑을 떠네

견우직녀는 하늘에서 매일 밤마다 만나는데 인간들은 1년에 칠월칠석 날 하루만 만난다며 호들갑을 떤다는 표현이 이채롭다.

똑같은 세계인데 인간세계와 자연세계는 관점에 따라 다르게 보이는 것이다.

자연을 따라가면 신의 세계를 만날 수 있을까?

04 허난설헌 許蘭雪軒

조선 중기 여류시인, 1563-1589

《홍길동전》 저자인 허균(許筠)의 누나이다.

명문가의 집안에서 태어나 어려서부터 시를 지어 천재성을 보였으나

당시 여성의 재능을 인정하지 않는데다

15세 때 김성립(金誠立)과 결혼생활이 원만하지 못했다.

딸과 아들을 모두 잃고 오빠 허봉이 귀양을 가는 등

불행한 처지를 글 쓰는 것으로 달랬다.

섬세한 필치로 자신의 한을 실감있게 표현했다는 평을 받는데

27세의 젊은 나이에 생을 마감했다.

유언으로 자신이 쓴 시를 모두 불태우라고 하였으나

동생 허균이 일부를 보관하여 현세에 전해지는 것으로 알려졌다.

강릉시 초당동에 허균과 허난설헌 남매의 기념공원이 있다.

가을 편지

옷과 편지를 봉하고 뜨락에 나서니
반짝이는 은하수에 새벽별만 밝네
차디찬 금침에서 뒤척이며 잠 못 이룰 때
지는 달이 정답게 내 방을 엿 보네

한양에서 공직생활을 하는 남편에게 보낼 물건들을 준비하고 하늘을 바라보니 수많은 별이 조화를 이루어 아름답게 비춘다. 독수공방에 홀로 누웠으나 잠은 안 오고 밝은 달빛만이 내 방을 엿보는 것 같아 외로움만 더한다.

허난설헌은 타고난 재능을 마음껏 펼쳐보고 싶었으나 당시 여성에 대한 사회적 편견이나 시댁의 가풍 때문에 꿈을 펴지 못하고 세상과 이별하는데, 내용으로 보아 결혼생활이 원만하지 못했고 한이 많은 생을 보낸 것 같다.

05 김시습 金時習

조선 전기의 학자, 1435-1493

생육신(生六臣)의 한 사람으로 한국 최초의 한문 소설 《금오신화》를 지었으며, 호는 매월당(梅月堂)이다. 가난한 문인의 아들로 태어난 그는 3세 때 보리를 맷돌에 가는 것을 보고 시를 읊었다 하며, 5세 때 이 소식을 들은 세종의 부름을 받고 대궐에서 시를 짓는 등 '오세 신동'이라는 별명을 얻고 총애받았다. 21세 때 수양대군이 단종을 몰아내고 왕위를 찬탈하자 큰 충격을 받고 사흘 동안 통곡하다가 책을 태워버리고 승려가 되었다. 전국으로 방랑의 길을 떠나 9년간 떠도는 낭객으로 생활하며 시를 지었는데 탁월한 문장으로 일세를 풍미했다.

인생

사청사우(乍晴乍雨)

잠시 개었다 다시 비가 오고, 비가 오다가 다시 날이 개는구나
하늘의 이치가 이러하거늘 하물며 세상의 인정이랴
나를 칭찬하던 이가 오히려 나를 헐뜯고
공명을 피하던 이가 다시 명예를 구하려 하네

꽃이 피고 진들 봄은 관여하지 않으며
구름이 오고 간들 산은 다투지 않는다
이 한 몸 오고 감에 본뜻 없으니
무정한 산과 구름 다정도 하다

세상 사람들아, 모름지기 내 말 잘 새겨들으시오
즐겁고 기쁜 일을 평생 누리는 곳은 어디에도 없다오

사청사우(乍晴乍雨)는 '날이 개었다 비가 내렸다' 한다는 뜻이다. 이 시는 생사를 초월하여 존재하는 자연의 섭리를 통해 인생을 비유한 걸작이다.

06 이규보 李奎報

고려시대 문신, 1168-1241

그가 태어나고 2년 뒤에 무신의 난이 터졌다.

9살에 시를 지은 신동으로 시와 문장에 뛰어났다.

우리 역사에 대한 지극한 자긍심과 함께 문란한 정치와

혼란한 사회를 보고 크게 각성하여

25세에 민족 영웅서사시 〈동명왕편(東明王篇)〉을 지었다.

고려시대 최고의 명문장가로서 거문고와 술을 좋아했으며

《동국이상국집(東國李相國集)》의 저자이기도 하다.

옛사람들의 길을 답습하지 않고 자유분방하게 생활하고 공부하여

학식이 넓고 깊은 경지에 이르렀다.

샘 속의 달

산승이 달빛을 탐하여
병 속에 물과 함께 길어 담았네
절에 들어가면 깨닫게 될 것
병 기울여도 그 속에 달이 없다는 것을

청풍명월은 임자가 따로 없으며 누구나 마음대로 취해도 그것을 탓할 사람이 없다. 인생이란 가만히 보면 색(色)이고 공(空)이다.

이 시는 곧 '색즉시공 공즉시색(色卽是空 空卽是色)'의 불교 교리를 완벽하게 소화하여 시화한 것이다. 인지하는 것만 존재한다는 철학적 의미가 느껴진다.
'달빛을 탐하여 물을 길었는데 절에 와보니 달이 없다는 것을 내 인생처럼 느꼈네.'

인간에게 보이는 것이 어디까지가 공이고 색일까? 현실적으로 존재하는 것도 실제로는 존재하지 않는 것이다. 우리가 살아가는 인생도 이와 같으므로 너무 소유에 집착하지 말자.

07 노동 盧同

중국 당나라 시인, 790-835

당나라 초기 뛰어난 4명의 시인 '초당 4걸'의 한 사람인
노조린의 직계 자손이다.
벼슬에 뜻이 없어 산속에 숨어 글을 쓰면서 세월을 보냈는데
고고한 성격으로 궁핍한 삶을 살면서도 절개를 꺾지 않아
주위에서 많은 칭송을 받았다.
조정에서도 이런 인품을 평가하여 등용하려 했으나 고사한다.
박학하고 다재다능했으며, 시풍은 낭만적이다.
'다선(茶仙)'이라 불릴 정도로 차를 즐겨 마셨으며
붕당의 횡포를 풍자한 장편 시 〈월식시(月蝕詩)〉가 유명하다.

해오라기

옥으로 다듬었나 백로 한 마리
물고기 잡으려고 마음 졸이며
물가 모래밭에 발 쫑긋 세우고
때를 기다리는데
사람들은 영문도 모르고
그 모습 한가롭다 말하네

해오라기는 왜가릿과의 새로 똥똥하며 다리가 짧다. 논 가운데 한가롭게 서 있는 것 같은 백로는 물고기를 잡으려고 마음 졸이며 사냥할 정확한 때를 기다린다.

물 위를 떠다니는 백조가 평화스러워 보이지만 물속에서 끊임없이 움직이는 물갈퀴의 모습은 볼 수가 없다. 겉모습만으로 상대방을 평가하는 것은 금물이다. 외적으로는 평화스럽게 보이는 현실도 그 이면에는 끊임없는 생존경쟁의 긴장 속에 무장되어 있다.

석양 산밑의 저녁연기 피어오르는 집에 사는 사람들은 근심 걱정이 없을까?

08 송순 宋純

조선 중기 문신, 1493-1582

1519년 관직에 나가 77세까지 50여 년 동안 관직 생활을 했다.
성격이 너그럽고 후하였으며, 특히 음률에 밝아 가야금을 잘 탔고,
풍류를 아는 호기로운 재상으로 일컬어졌다.
1533년(중종 28) 김안로(金安老)가 권세를 잡자
귀향하여 면앙정을 짓고 시를 읊으며 지냈다.
면앙정은 그가 41세 되던 해에 담양의 제월봉 아래에 세운 정자로서
호남 제일의 가단(歌壇)을 형성했다.
벼슬에서 물러나 강호생활을 하면서
자연을 예찬하는 작품을 주로 지었다.
문집으로는 〈면앙집(俛仰集)〉이 있다.

십 년을 경영하여

십 년을 경영하여 초가 세 칸 지어내니
나 한 칸 달 한 칸에 청풍 한 칸 맡겨두고
강산은 들일 데 없으니 둘러놓고 보리라

조선 중기 대사헌(현 검찰총장)을 역임한 송순은 높은 벼슬에 있었음에도 은퇴 후 초가삼간을 지었다는 사실을 통해 욕심 없는 삶을 추구했음을 알 수 있다.

방이 세 개인데 나 한 칸, 달 한 칸, 청풍 한 칸 주고 나니 주변에 있는 '강산은 들일 데 없으니 둘러놓고 보리라'라는 시구에서 위트가 느껴진다.

이 시에는 인생을 여유롭고 행복하게 사는 비결이 담겨있다. 자연을 내 것으로 사용할 줄 아는 지혜가 있다면 천하에 부러울 게 없다. 생존경쟁에서 벗어나 자연을 벗 삼아 유유자적한 생활을 누리고 싶은 마음은 누구에게나 존재하지만 실천하기는 어려운 법. 정년 후 도시를 떠나 자연 속에서 나물을 캐고 화초를 가꾸며 글을 쓰는 사람들을 가끔 매스컴에서 보게 되는데 그 용기가 대단히 부럽다.

09 왕양명 王陽明

중국 명나라 유학자, 1472-1528

이름은 왕수인(王守仁)이고 호가 양명(陽明)이다.

그는 명필로 유명한 왕희지의 후예다.

지행합일(知行合一)을 주장한 대표적인 사상가이며 행정가였다.

지행합일은 지(知)와 행(行)이 모두 마음의 활용으로

하나라고 하는 것인데, 주자가 지(知)에 중점을 두어 얘기한

'선지후행'(先知後行)에 대립하는 것이다.

그는 양명학을 창시하여 유학의 지평을 넓혔다.

"세상이 혼탁한 이유는 학문이 바로 서지 않았기 때문"이라고

말하면서 양명학을 창시하여 그의 사상을 체계화했다.

산에서 보는 달

산이 가깝고 달이 먼지라 달이 작게 느껴져
사람들은 산이 달보다 크다 말하네
만일 하늘처럼 큰 눈 가진 이가 있다면
산이 작고 달이 더 큰 것을 볼 수 있을 텐데

왕양명은 11세 때 이 시를 지을 만큼 문장력이 뛰어났다. 산, 달, 하늘 등 자연 세계를 통해 인간들이 세상을 보는 시야가 한계가 있음을 보여주는 시다. 어떤 사물을 이해하기 위해서는 큰마음과 큰 눈으로 바라보아야 본질을 이해할 수 있다는 교훈이 담겨있다.

우리는 미시적인 눈으로 사물을 판단할 때 착시현상이 있고 잘못 판단하는 경우가 많으므로 거시적인 안목으로 사물을 보는 눈을 가질 필요가 있다.

아름다운 숲과 경치를 보기 위해서는 정상에 올라야 한다. 산보다 달이 크다는 것을 이해하기 위해서는 우주에 대한 지식과 지혜의 축적이 필요하다.

10 이안눌 李安訥

조선 중기 문신, 1571-1637

18세에 진사 시험에 수석 합격할 만큼 두뇌가 명석했고
함경도관찰사와 형조참판을 지냈다.
두보(杜甫)의 시를 수없이 읽었으며 시와 서에도 뛰어나
조선의 이태백으로 불렸다.
정철(鄭澈)의 〈사미인곡〉을 듣고 지은 〈문가(聞歌)〉가
특히 뛰어난 작품으로 평가받는다.
저서로는 《동악집(東岳集)》 26권이 있으며
지방의 민중생활사와 사회사 연구에 필요한 자료를 담고 있다.

따뜻한 편지

집에 보낼 편지에 괴로움 말하려다
흰머리 어버이 근심할까 두려워
북녘 산에 쌓인 눈 천 길인데도
올겨울은 봄날처럼 따뜻하다 적었네

산세가 험한 함경도관찰사(도지사) 시절에 눈이 천 길이나 쌓인 변방에서 추운 겨울에 부모를 생각하며 쓴 글이다. 이안눌은 현실적인 주제를 기발한 생각으로 표현하는데 능력이 탁월했다.

함경도는 겨울에 눈이 많이 내리는 산골이라 항상 부모님이 걱정하게 되는데 그 근심과 걱정을 조금이라도 덜어드리고 싶은 마음에서 선의의 거짓으로 소식을 전한다. 세심하고 깊은 효심을 읽을 수 있다.

나이가 들면서 조그마한 일에도 부모님의 마음을 헤아리고 걱정을 끼치지 않도록 노력하는 것이 자식의 도리가 아닌가 생각해 본다.

11 소동파 蘇東坡

중국 송나라 시인, 1037-1101

중국 북송 때의 최고 시인으로 이름은 식(軾)이다.
부친 소순(蘇洵)은 구양수, 왕안석 등과 교우하며
송나라에서 이름난 문장가였다.
그의 가문은 부유한 지식인 집안으로 명망이 높았다.
당시(唐詩)는 서정적이지만 그의 시는 철학적 요소가 짙었다.
대표작인 〈적벽부(赤壁賦)〉는 불후의 명작으로 널리 애창되고 있다.

진사 시험에 합격하여 관직 생활을 시작했으나 적응하지 못하고
대부분을 지방에서 유배 생활을 하다가 병으로 세상을 떠났다.

서림사 벽에

앞에서 보면 산줄기 옆에서 보면 봉우리
멀리서 가까이서 높은 데서 낮은 데서 그 모습 제각각일세
여산의 참모습을 알지 못함은
단지 이 몸이 산속에 있기 때문이라네

서림사는 여산의 산기슭에 있는 유명한 고찰이다. 소동파는 정적들의 모함으로 유배지를 옮겨가는 도중 여산(중국 강서성 소재)을 구경했는데 너무나 다양하고 개성적인 산의 모습이 보는 위치에 따라 형상이 달라 보여 한마디로 표현할 수가 없었다. 매번 다른 모습으로 보이는데 그 까닭은 자신이 산속에 있기 때문이라는 것을 깨닫는다.

사물의 진짜 모습을 이해하기 위해서는 한 발짝 물러서서 바라보아야 한다는 진실을 내포하고 있는데, 여산의 참모습이라는 뜻의 '여산진면목(廬山眞面目)'은 이 시에서 유래했다.

사물 하나도 보는 각도에 따라 다르다. 조직의 문제는 조직 내에서는 알 수가 없다. 산속에서는 산의 모습을 볼 수 없듯이, 나 자신도 나를 정확히 볼 수는 없다. 왜냐하면 경험이 인식을 방해하기 때문이다.

고두현의 《옛 시 읽는 CEO》를 보면, 공기업 사장이 조직을 변화시키겠다는 의욕이 앞서 창조적 사고와 혁신을 강조하며 구성원들을 독려하였으나 지금까지 해온 관성의 법칙에 젖어 별로 효과가 없었다.

몇 개월이 지난 후 전 직원 조회에서 일상적인 훈시 대신 이 시를 읊어 주었고 직원들로부터 박수를 받았다고 한다. '여산의 진면목을 알 수 없는 것은 우리가 그 속에만 있기 때문이라네'라는 구절이 직원들의 마음을 사로잡은 것이다.

조직 속에 매몰되면 외부 환경을 볼 수 없다. 조직을 이끌어가는 리더는 엄숙한 훈시보다 가끔 이런 압축된 위트를 구사하여 직원들에게 동기부여를 해줄 필요가 있다.

12 박수량 朴守良

조선 중기 문신, 1491-1554

조선 중기 3대 청백리 중 한 사람으로
형조판서(법무장관)와 한성판윤(서울시장),
전라도관찰사(도지사)를 지냈다.
38년간 관직에 있으면서 중종, 인종, 명종 등 세 임금을 모셨다.
유림(儒林)간에 학자로 존경을 받았으며,
신중·치밀하고 효성이 지극했다.
그는 공직생활 중 청탁이나 부정부패를 멀리하여
은퇴 후에는 집 한 칸 없이 살아가는 청백리의 표상이 되었다.

어지러운 세상

입은 말하지 않고 귀는 듣지 않은 지 오래지만
그래도 두 눈은 남아 또랑또랑 뜨고 있다
어지럽고 시끄러운 세상만사
볼 수는 있어도 말할 수가 없구나

박수량은 연산군과 중종 시대, 기묘사화 당시 혼란한 정국의 소용돌이 속에 관직을 버리고 고향으로 내려가 입과 귀를 막고 살았다. 그러나 눈에 보이는 것은 피할 수 없었으니 '어지럽고 시끄러운 세상만사 볼 수는 있어도 말할 수가 없구나'라고 표현했다.

명종이 암행 감사를 통해 그의 청빈함을 알고 비석을 하사했다. 글을 새기는 것 자체가 오히려 그의 청렴을 가릴 수 있으니 그대로 세우라고 했다. 그래서 묘 앞에 백비로 세워졌다고 한다(전남 장성). 그곳이 현재는 공직자들의 청렴 교육 장소가 되어 공직자뿐만 아니라 많은 기업의 직원들이 찾아 배우고 있다.

수십 년 동안 공직생활 중 지킨 그의 청렴결백 정신을 오늘날 모든 공직자들이 배워야 하지 않을까.

13 맹사성 孟思誠

고려 말, 조선 초의 재상, 1360-1438

충남 아산 출신으로 최영 장군의 손녀사위이다.

고려 말에 관가에 들어가 조선 초기 태조와 정종, 태종, 세종

4대 임금을 보필하며 영의정 황희와 더불어

최고의 권력인 좌의정과 우의정을 지냈다.

《태종실록》, 《팔도지리지》를 감수하는 등

조선 전기의 문화 창달에 크게 기여했다.

시문(詩文)에 능하고 음률(音律)에도 밝아

향악(鄕樂)을 정리하고 악기도 만들었다.

또 청백리로서 효성이 지극하였다.

작품에 《강호사시가(江湖四時歌)》가 있다.

녹음에 누웠으니

초야에 묻혀서

삿갓에 도롱이 입고 세우(細雨)에 호미 메고
산전(山田)을 헤매다가 녹음에 누웠으니
목동이 우양(牛羊)을 몰아 잠든 나를 깨우네

도롱이는 볏짚으로 엮어 어깨에 걸치는 비 방지용 도구이고, 세우(細雨)는 이슬비이다.

맹사성은 외출할 때는 늘 소를 타고 다녀 그가 재상인 줄 사람들이 알지 못했다고 한다. 이에 관한 일화가 있다.

어느 날 좌의정 맹사성이 고향인 온양에 간다는 소식을 들은 현감들이 그에게 잘 보이려고 길을 닦아 놓고 사람들의 통행을 금지했는데, 한 노인이 갈댓잎 도롱이를 입고 소를 타고 길을 지나가자 하인들이 노인을 함부로 대하고 현감 앞에서 내동댕이쳤다고 한다. 그 노인이 바로 맹사성이었다.

그러나 그가 젊었을 때부터 겸손하고 청렴했던 것은 아니다.

지방관으로 부임한 어느 날, 그는 고을에서 명성을 얻고 있는 노스님을 찾아갔다. 그러나 노스님은 학식이 별로 없어 보이는 촌로에 지나지 않아 실망했다. 시간만 낭비했다 싶어 그냥 일어서려는데 노스님이 차나 한잔 하고 가라고 했다. 노스님은 앞이 잘 보이지 않는지 그릇에 넘치게 차를 따르고 있었다. 이에 맹사성이 찻물이 넘친다고 말하자 노스님이 말했다.

"찻물이 넘쳐 방바닥을 망치는 것은 알면서 지식이 넘쳐 인품을 망치는 것은 왜 모르는가?"

이에 당황한 맹사성은 자리에서 일어나 밖으로 나가려다 이마를 문틀에 부딪혔다. 그때 노스님이 또 한마디했다.

"고개를 숙이면 절대로 부딪치는 법이 없다네."

자신을 바로 알고 겸손을 유지하는 것이 공직자의 기본자세인데 맹사성은 자신을 과대평가하여 교만을 주변에 풍겼다. 그러한 일을 겪은 후 맹사성은 반성하면서 성숙해졌고 조선 최고의 명재상이 되었다.

14 이황 李滉

조선 중기 문신, 유학자, 1501-1570

호는 퇴계(退溪)인데 '물러나 시내 위에 머무른다'는 뜻의
'퇴거계상(退居溪上)'에서 비롯되었다.
경북 안동에서 태어나 홀어머니 밑에서 총명한 자질을 키워 갔다.
조선시대 최고의 사상가이며 교육자, 정치인으로서
인품이 겸허하고 신중했으며, 40년 동안 관직에 머물며
네 임금을 섬겼다.

을사사화 이후에는 관직을 사퇴한 후 고향인 안동으로 내려가
도산서원을 짓고 제자들을 양성하는 데 심혈을 기울였다.
유성룡, 김성일, 심의겸 등이 그의 제자들이다.
주자의 사상을 깊게 연구하여 조선 성리학 발달의 기초를 형성했으며,
일본 성리학에도 큰 영향을 주었다.

안빈낙도

새 스스로 찾아와 벗이 되고
산천이 나를 둘러 지켜주네
손 가는 대로 책이 있으니
경계 없는 기쁨이어라

퇴계의 좌우명은 '매화는 아무리 추워도 향기를 팔지 않는다'이다. 어려운 상황에 부닥치더라도 원칙을 지키며 소신을 굽히지 않는다는 뜻이다. 그만큼 관직에 있으면서 시대 상황에 따라 휘둘리지 않고 소신을 지키기 위해 노력했다.

위 시는 이황이 관직을 은퇴하고 고향에 내려가 후학들을 양성하면서 유유자적하게 생활할 때 지은 것으로, 안빈낙도의 기쁨을 만끽하는 모습이 눈에 선하다. 국정의 어지러움에서 벗어나 언제든지 보고 싶은 책을 마음대로 읽을 수 있으니 이것이 곧 경계 없는 기쁨 아닌가.

15 두순학 杜荀鶴

당나라 시인, 846-904

당나라 말기의 현실주의를 대표하는 시인으로

과거에 여러 차례 낙방하고 46세가 되어서야 겨우 진사가 되었다.

한림학사(翰林學士)를 역임했다.

술을 좋아하고 거문고에 능했다고 한다.

그의 시 중에서 〈어린 소나무〉가 유명하다.

어려서부터 뾰쪽뾰쪽 고개 들더니
어느새 덤불 헤치고 솟아오르네
사람들은 장차 구름 위로 솟을 그 나무 몰라보고
구름 위로 솟은 뒤에야 그 나무 높다고 하네

사람의 마음

큰 바다 파도는 얕고
사람 한 치 마음은 깊네
바다는 마르면 바닥을 드러내지만
사람은 죽어도 그 마음 알 수가 없네

관직 생활을 하면서 얻은 교훈인지도 모른다. 사람의 마음을 어찌 알겠는가. 신뢰했던 사람이 어느 날 배신하고 사기 치고 곤경에 몰아넣고 하는 일은 세상살이에서 비일비재하다. '열 길 물속은 알아도 한 길 사람 속은 모른다'는 우리 속담이 이와 같다.

참으로 사람 마음속은 어떠한 방법으로도 알 길이 없다. 언행이 일치하고 상대방의 마음이나 행동을 어느 정도 예측할 수 있는 사람이 신뢰가 가는 것이 아닐까.

16 이은상 시인

내장산

내장산 골짜구니 돌벼랑 위에
불타는 가을 단풍 자랑 마라
신선봉 등 너머로 눈 퍼붓는 날
비자림 푸른 숲이 더욱 좋더구나

이은상은 이화여대 교수, 동아일보 기자 등을 지낸 사학자이며 수필가이다. 해박한 역사적 지식과 유려한 문장으로 글을 썼다. 개인적 정서보다 국가와 사회성을 강조하는 내용들을 즐겨 썼는데 문장이 평이하면서도 기발한 표현으로 국민들의 사랑을 받았다.

가을 단풍의 백미라 할 수 있는 내장산. 이 시는 눈 내리는 한 겨울에 내장산의 설경을 한 폭의 그림처럼 운치 있게 표현했다. 매년 11월 초에 내장산 단풍이 절정을 이루지만 이 시를 통해 상상되는 눈 내린 내장산의 설경은 원시의 고요함과 신비가 눈에 선하다.

17 권현경

시인

가인박명(佳人薄命)

어항 청소하러 온 수족관 사내에게
간곡히 부탁해 본다
'예쁘고 오래오래 사는 물고기로 갈아 주세요.'

'그런 것은 없어요
색이 고운 물고기는 빨리 죽습니다.'

헉!
말문이 막힌다

가인박명(佳人薄命)은 '아름다운 사람은 명(命)이 짧다'라는 뜻으로, 여자의 용모가 너무 아름다우면 운명이 기박하고 단명한다는 말이다.

'아름다운 꽃은 향기가 없다'라는 속설이 있다. 장미, 양귀비 같은 화려한 꽃보다는 아름다움은 별로지만 은은한 향기가 천 리를 가는 찔레꽃이나 아카시아꽃이 우리에겐 훨씬 더 감동을 준다.

18 고은

시인

그 꽃

내려갈 때 보았네
올라갈 때 못 본
그 꽃

이 시는 15자밖에 안 되는 짧은 시이지만 심오한 인생을 노래하고 있다. 젊었을 때는 앞만 보고 달려가다가 나이가 들어 여유를 가지고 인생을 돌아보면 중요한 것을 미처 보지 못하고 빠뜨린 것들을 발견하게 된다.

내려갈 때 발견한 그 꽃은 평생 가슴속에 찾고 있던 '사람의 꽃'일 수도 있다. 부모에 대한 효도, 자식에 대한 사랑, 어려운 사람들에 대한 봉사 등 여유를 갖고 주변을 살피면서 살아가는 인생의 지혜가 필요하다.

노를 젓다가
노를 놓쳐버렸다

비로소 넓은 물을 돌아다 보았다

이 시는 제목 없이 《순간의 꽃》이라는 시집에 묶어 펴냈다.

인생의 노를 열심히 젓다 보면 주변을 살필 겨를이 없다. 그러나 어느 순간 젓던 노를 놓치고 나면 주변을 돌아볼 여유가 생겨 비로소 넓은 물을 보게 된다.

일상의 속도를 조금 늦추고 잠시 벗어나 가끔은 노를 놓치고 여유롭게 인생을 돌아보는 기회가 사람들에게 주어지면 좋겠다.

19 박종국

시인

배

어머니가 사준
꺼먹 고무신 한 켤레

그 배를 타고
건너지 못할 강은 없다

까맣게 타버린 어머니 속내 말고는,

어릴 적 어머니가 오일장에서 사다주신 고무신 한 켤레는 큰 기쁨이고 자랑이었다.

성장해서 오대양을 누볐지만 끝내 건너지 못할 강 하나, 깊고도 깊은 어머니의 속 내(川). 어른으로 성장했지만 까맣게 타버린 어머니의 속마음은 영원히 건너지 못할 강이다.

아직도 죄송스러운 마음을 담고 꿈속에서 고향의 개울가에 떠내려간다.

20 반칠환 시인

새해 첫 기적

황새는 날아서
말은 뛰어서
거북이는 걸어서
달팽이는 기어서
굼벵이는 굴렀는데
한 날 한 시 새해 첫날에 도착했다
바위는 앉은 채로 도착해 있었다

모든 생물이 새해를 맞이하는 모습을 위트있게 표현했다. 특히 바위는 앉은 채로 새해를 맞이했다는 표현에서 변하지 않는 자연의 질서를 함축성 있게 묘사했다.

해마다 반복되는 세월의 역사 속에서 모든 삼라만상이 피할 수 없이 맞게 되는 새해를 엄숙하게 받아들이는 자세가 중요하다. 생물들의 의인화를 통한 새해맞이 표현이 피할 수 없는 자연 질서를 잘 표현해 주고 있다.

21 정호승 시인

햇살에게

이른 아침에
먼지를 볼 수 있게 해주셔서 감사합니다
이제는 내가
먼지에 불과하다는 것을 알게 해주셔서 감사합니다
그래도 먼지가 된 나를
하루 종일
찬란하게 비춰주셔서 감사합니다

햇빛으로 인해 모든 사물의 실체가 드러나고, 내가 먼지임을 깨닫게 해주고, 먼지가 된 나를 찬란하게 비춰주니 더욱 감사함을 느낀다.

인간들의 죄를 먼지에 비교하고 햇빛이 그것을 이해하게 해준다는 표현이 교훈을 주면서도 인간을 반성하게 만드는 것 같다. 어둠 속에서는 먼지도 볼 수 없겠지.

22 기형도 시인

엄마 생각

열무 삼십 단을 이고
시장에 간 우리 엄마
안 오시네, 해는 시든 지 오래
나는 찬밥처럼 방에 담겨
아무리 천천히 숙제를 해도
엄마 안 오시네, 배추잎 같은 발소리 타박타박
안 들리네. 어둡고 무서워
금간 창 틈으로 고요히 빗소리
빈 방에 혼자 엎드려 훌쩍거리던
아주 먼 옛날
지금도 내 눈시울을 뜨겁게 하는
그 시절, 내 유년의 윗목

그 옛날 가난하고 힘겨웠던 시절에 우리 부모님들은 자식에게 신경 쓸 겨를이 없었다. 논밭으로, 시장으로 생존을 위해 뛰어야 했다.

이 시에는 텃밭에서 열무를 다듬어 시장에 팔러 가서 늦게까지 오지 않는 엄마를 기다리는 아이의 심정이 그대로 나타나 있다.

'찬밥처럼 방에 담겨', '내 유년의 윗목' 등의 기발한 표현은 많은 세월이 흘러도 어머니에 대한 그리움으로 한이 되어 가슴속에 남아 있다.

23 나태주 시인

풀꽃 1

자세히 보아야
예쁘다

오래 보아야
사랑스럽다

너도 그렇다

나태주 시인이 초등학교 선생님 시절 미술 시간이었다. 학생들이 풀밭에서 그림을 그리는데 너무 건성건성 그리는 모습을 보았다. 자세히 보고 그려보라고 지도하면서 느낀 감정을 시로 표현했다고 한다.

사람도 처음에는 별로였으나 볼수록 향기가 나고 다가가고 싶은 사람이 있다. 모든 사물은 자세히 볼수록 진가가 나타나므로 대충 보고서 사람을 판단해서는 안 된다는 교훈을 담고 있다.

나태주 시인은 공주지역에서 40여 년 동안 향토 시인으로 활동했다. 정년퇴직 후 2012년, 이 시가 광화문 '교보문고 글판'에 소개되어 독자들이 뽑은 역대 최고의 글로 선정되면서 독자들에게 더욱 많이 알려지게 되었다.

이 시로 유명해지며 한국시인협회 회장을 역임하는 등 많은 활동을 하게 된다.

어느 날 종편에서 나태주 시인과 미스터트롯 출신의 나태주 가수를 초청했다. 패널들과 대화를 나누는 자리에서 사회자가 질문했다.

"시인님, 요즘 동명이인으로 나태주 가수가 있는데 기분이 어떠신지요?"

"나태주 가수가 등장하고 나는 폭망했어요. 전에는 내가 인터넷 검색에서 항상 1순위였는데 이제 내 이름은 한참 밑으로 찌그러졌어요. 하하."

작년에 필자의 친구 아들이 결혼할 때 신부가 나태주 시인에게 정중히 주례를 부탁하는 손편지를 써서 보냈는데, 나태주 시인이 감동하여 주례를 서준 일이 있었다.

결혼식 날 주례를 마친 나태주 시인과 식사를 함께하며 많은 대화를 나누었다. 그는 유머와 위트가 뛰어난 분이었다.

24 여림 시인

실업

이력서를 쓰기에도 이력이 난 나이
출근길마다 나는 호출기에 메시지를 담는다

'지금 나의 삶은 부재중이오니 희망을 알려주시면
어디로든 곧장 달려가겠습니다'

1999년 IMF 직후 여림은 한국일보 신춘문예에 이 시로 당선했고 시인으로 등단했다. 당선 소감에 실업이나 파산 등으로 어렵고 힘든 사람들이 하루빨리 고통에서 벗어났으면 좋겠다고 썼다.

이 시는 경제적으로 어려운 상황을 절묘하게 표현했다. 외환위기가 닥치면서 많은 기업이 도산하고 80여만 명이 실직자가 되어 고통스러웠던 당시의 아픔을 실감나게 그려내고 있다.

호출기에 메시지를 담으면서 어디선가 연락이 오기만을 기다리는 실직자의 애절한 마음이 시를 뛰어넘어 현실의 아픔으로 다가온다.

25 장지성 시인

고요

물총새
한 마리가
언제부터 앉아있다
호수에 잠겨있는
고향과 저녁노을
일순간
낙하(落下)를 하며
낚아채는
먼 유년

어렸을 적에 자주 본 듯한 고요한 시골 냇가의 풍경. 물총새는 조용히 나뭇가지에 앉아 호시탐탐 기다리다가 먹잇감 물고기가 나타나면 비호같이 날아서 낚아챈다.

한 폭의 그림처럼 기억으로 남아있는 어린 시절의 향수를 느끼게 한다.

'일순간 낚아채는 먼 유년.'

26 조동화 시인

나 하나 꽃 피어

나 하나 꽃 피어
풀밭이 달라지겠냐고
말하지 말아라
네가 꽃 피고 나도 꽃 피면
결국 풀밭이 온통
꽃밭이 되는 것 아니겠느냐

우리는 현실에서 '나 하나쯤이야' 하고 열외의식을 갖고 정도를 벗어나는 경우가 많다. 잠깐 차선을 위반하기도 하고, 나 하나쯤 모임에 참석 안 해도 되고, 나 하나쯤 원칙을 지키지 않는다고 해서 결과가 달라지는 것도 아니라고 생각한다. 그러나 하나가 모여서 100이 된다.

사소한 것이라도 모든 사람이 지킬 때 전체가 달라진다. 세상이 달라지지 않아도 나는 하나의 꽃을 피워야 한다. 그래야 세상이 온통 꽃밭이 된다. 결국 거대한 변화는 나로부터 시작한다.

27 김동수

시인

달밤

새벽달 하나
서편 하늘에 떠 있다
새벽달 같은 내 마음 하나
홀로 떠서
눈감지 못한 새벽을
지키고 있다

서편 하늘에 홀로 떠 있는 새벽달을 보며 자신의 마음과 같은 심정을 은유적으로 노래했다. 새벽달을 자신의 마음으로 비유했지만 한숨도 자지 못하고 밤을 지새운 것처럼 느껴지는 새벽달이 새벽을 지킨다는 표현이 마치 외로운 내 마음이 온 세상을 지키는 것처럼 마음을 감싸온다.

28 김정옥

시인

풍경소리

처마 끝에 달아놓은 시 한 줄
구름이 못 보고 그냥 가자
바람이 얼른 일어나 읽어 준다
뎅그렁-

산속의 어느 절에든 가면 처마 밑 풍경 속에 물고기가 달려있다. 살며시 바람이 불어와 추녀에 매달린 물고기를 스치면 고요한 산사에 물결치듯 종소리가 울려 퍼진다.

처마 끝의 풍경을 시로 표현하고 무심하게 지나가는 구름을 향해 바람이 시를 읽어준다는 은유적 표현이 산사의 정적을 깨운다.

모든 만물은 인간의 손이 아니더라도 자연의 힘으로 진리를 깨닫게 해주는 무소유의 마력이 존재한다.

29 문현미

시인

친구에게

땅바닥을 딛고 사는 생애
필사적으로 버티며 어제를 사는 생애
그저 바라볼 수 있는
저 꿈의 하늘이 있다는 것

그것만으로
숨통이 탁- 트인다
더 이상 무엇을 바랄까
먼저 간 친구야

살아있음에 대한 감동을 이보다 더 실감나게 표현할 수 있을까. 모두 살아 숨 쉬는 공간에서 함께 생활할 때는 느끼지 못하는 삶의 환희를 가까운 친구의 죽음을 접하고 나서야 절실히 깨닫게 된다.

내가 푸른 하늘을 보며 숨 쉴 수 있다는 사실이 그저 경이로울 뿐이다. 먼저 간 친구를 생각하면 죄스럽고 숨이 막히지만 너로 인해 생명의 소중함을 느끼게 되니 한편으로는 고맙구나 친구야.

30 류시화 시인

비 그치고

비 그치고
나는 당신 앞에 선
한 그루 나무이고 싶다

내 전 생애를
푸르게 푸르게 흔들고 싶다
푸르름이 아주 깊어졌을 때쯤이면
이 세상 모든 새들을 불러 함께
지는 저녁 하늘을 바라보고 싶다

비 그치고 난 뒤의 나무들은 얼마나 싱싱하고 생기가 있는가. 그런 모습으로 사랑하는 당신 앞에 서고 싶다는 시인의 마음은 오랜 가뭄 뒤의 시원한 빗줄기 같다.

그와 같은 싱그런 신록의 모습이 절정에 다다르면 나의 후손들을 모두 불러 모아 아름답게 저무는 인생처럼 지는 석양을 함께 바라보고 싶다는 표현이 너무나 평화스럽다.

31 양광모 시인

시처럼 살자

나는 몰랐다
인생이라는 나무에는
슬픔도 한 송이 꽃이라는 것을
……
누군가 사랑해도 되는지 알고 싶다면
그와 함께 밤하늘에 별을 바라보면 된다는 것을

인생을 살다 보면 희로애락이 반복된다. 하지만 성인군자가 아닌 이상 슬픔을 꽃으로 받아들이기는 쉽지 않다.

그러나 나이가 들어가면서 슬픔도 인생의 한 과정이라는 것을 깨닫게 된다. 슬픈 일을 당했을 때 분노하기보다는 하나의 꽃으로 받아들이는 지혜가 있다면 인생을 아름답게 살 수 있지 않을까.

32 최두석 시인

단풍나무에 기대어

아무리 잘 물든 단풍나무도
낱낱의 잎사귀를 들여다보면
흠 없는 잎은 없다
멀리서 보면 눈부시게 휘황하지만
가까이서 보면 상처투성이다

멀리서 바라보면 아름답게 보이는 단풍들도 가까이서 자세히 보면 많은 흠을 지니고 있으니 공간의 차이에 따라 인생도 달리 보인다. 멀리서 보면 평화스럽고 행복해 보이는 사람도 가까이서 들여다보면 상처가 있고 아픔이 있다.

나만 불행인 것이 아니고 세상을 살아가는 모든 이들의 삶은 나와 별반 다르지 않다.

33 박경리

작가

옛날의 그 집

……

대문 밖에서는
늘 짐승들이 으르렁거렸다
늑대도 있었고 여우도 있었고
까치독사 하이에나도 있었지
모진 세월 가고
아아 편안하다
늙어서 이리 편안한 것을
버리고 갈 것만 남아서 참 홀가분하다

한국 문학사 최고의 걸작 《토지》를 26년간 집필한 박경리의 마지막 시다.

험한 세상을 살아오면서 세월을 담담히 받아들이고 자연으로 돌아가는 마음의 준비가 평화스럽게 녹아있다.

34 김승묵

필자

동촌동 5번지

야~ 5천만 국민의 염원이 웃음으로 승화되어
동해의 새 아침이 밝아오는구나!
허기진 조국의 역사 위에 주린 배 졸라매고 가꾸어 온 지
어언 10년,

롬멜 장군의 전설을 닮은 오아시스 없는 사막 위에서
모래성을 쌓고 삘기를 뽑으며 갈대밭에서 종달새 알을 찾던
어린아이들의 웃음소리는 간 곳이 없고
조국 근대화의 함성을 담은 용광로가 이글거리고 있으니
오- 상전벽해(桑田碧海)란 이를 두고 이름이요 별명 또한
영일만의 기적이로다.

형산강을 뛰어넘어 숨 가쁘게 페달을 밟으면
사십 미터 철문 위에 새겨진 우리의 젊은 의지
'자원은 유한, 창의는 무한'
정문을 지나 본관을 바라보면 조국 번영을 부르짖는

4개의 소리 없는 아우성
태극기 바라보며 펄럭이는 포항종합제철
새마을 정신으로 언제나 안전제일

보아라, 동해로 뻗어간 6차선 중앙도로를 달리는
오토바이의 행렬은 과연 근대화의 맥박이로다.
어둠이 깊어질수록 활활 타오르는 방산 탑의 불기둥은
조국의 역사를 지키는 영원한 불침번이요,
260만 평의 대지를 가로지르며 고요한 아침의 나라
적막을 깨는 기적소리는
국민소득 일만 불을 재촉하는 인고트(Ingot)의 행진이로다.

동지섣달 기나긴 밤 용광로를 응시하는 예리한 눈동자여
쇳덩이로 살아있는 꽃뱀을 빚어내는 젊은 예술가여
4월 개나리 같은 웃음으로 동촌동 5번지를 가꾸는
형산강변의 애나벨리(Annabel Lee)들이여
동해의 푸른 파도를 삼켜도 개운치 않을 가슴을 펴고
우린 조국의 역사 앞에 섰으니
850만 톤의 중량이 우주의 한 모퉁이를 휘청거리게
할 때까지 피와 땀을 모아야 하리

천만년 세월의 영겁 속에 작열하는 태양의 정열이 멈출지라도

동촌동 5번지를 지키는 용광로만은 영원히 빛을 발하리.

이제 원죄를 흐느끼던 배암은 간 곳이 없고,
닭소리보다 밝은 아침이 온다.

우린 한 민족 겨레도 하나요 조국도 하나
에밀레종의 전설을 기억하며 숨 가쁜 조국의 역사 위에
이대로 용광로에 용해되어
나, 휘청거리는 조국의 역사를 받치는 빌레트 되고
너, 주름진 조국의 이마를 펼치는 슬라브 되고
너와 나 우리로 하나 되어 조국의 상처 난 가슴엔 코일로
용접한 다음 5대양 6대주를 주름잡으며 줄기차게 뻗어가리

축복받은 이 땅 위에 10년을 가꾸어 온
만여 POSCO men의 알뜰한 정성이
붉은 피로 응얼져 여명(黎明)으로 비추는도다

동촌동 5번지, 동촌동 5번지
아! 예가 나의 고향이로다
여기가 조국의 현주소로다

나의 사회생활 첫 직장은 포스코다. 20대 젊은 시절에 희망과 열정을 갖고 사명감으로 열심히 일했던 곳이다. 그 당시 정문 맞은편 언덕 위에 연수원이 있었고 그 뒤편 산기슭에 미혼자들의 숙소인 독신자아파트가 자리했는데 나는 거기서 자전거를 타고 출퇴근했다.

저녁 식사 후 연수원 언덕에 올라서면 동해를 바라보며 자리한 포스코의 수많은 공장들이 한눈에 들어왔다. 밤늦은 시간에 공장을 바라보면 휘황찬란한 불빛들이 장관을 이루었다. 특히 공장을 가로지르며 구내 철도로 이동하는 검붉은 인고트(쇳덩어리)의 행렬을 보면 나도 모르게 탄성이 나오고 용솟음치는 가슴을 억누를 수 없었다.

언젠가는 이 장면을 배경으로 서사시를 쓰고 싶다는 욕심을 갖고 출퇴근하면서 떠오르는 시상을 한 구절씩 저축하여 약 6개월 동안 쓴 작품이 〈동촌동 5번지〉다. 동촌동 5번지는 포스코의 포항시 지번이다. 운 좋게도 '창립 10주년 기념 축시'로 선정되는 영광을 차지했는데 그 당시 매월 발간되는 사보 〈쇳물〉 지에 양면으로 대서특필되어 실리게 되었다.

우리나라를 대표하는 시인이나 작가들의 작품이 있어야 할 곳에 신입사원인 내 시가 선정되어 역사의 한 페이지를 장식했으니 그 기쁨은 이루 말할 수 없었다.

5장

생활 속의 유머와 위트

....

부부 유머

부부 사이에 멋지게 말하기보다는

재치 있게 말하기가 더 힘들다.

그런 이유로 가정에서 남편 노릇 하기는

정말로 어렵다.

- 발자크

사랑하는 사람과 사는 데는 한 가지 비결이 있다.

상대를 변화시키려고 해서는 안 된다는 것이다.

결점을 고치려 들면 상대의 행복까지 파괴해 버리기 때문이다.

- 샤르도네

모든 관계 중에서 가장 힘든 것은 부부관계가 아닐까.

행복한 결혼생활의 비결은 배우자가 숨기고 싶어 하는 것을

눈감아주는 것이다.

01 아들의 고민

직장에 다니는 아들이 결혼할 때가 되자 어머니는 결혼하고 싶은 여자가 생기면 반드시 인사시키고 허락을 받으라고 신신당부했다.

어느 날, 아들은 결혼하고 싶은 여자를 집으로 초대했는데 엄마의 반대로 헤어졌다. 두 번째, 세 번째 여자도 엄마의 반대로 결국 결혼하지 못했다.

아들은 친한 친구를 불러내 술 한잔을 했다. 단숨에 술을 마신 아들이 친구에게 자초지종을 얘기하며 하소연했다. 그러자 친구가 조언을 해주었다.

"좋은 방법이 있어. 외모나 성격이 엄마와 비슷한 여자를 만나면 거절하지 않으실 거야."

아들은 좋은 생각이라며 친구에게 고마움을 표시했다. 그리고 얼마 후에 엄마와 외모나 성격이 비슷한 여자를 만났다. 너무 기뻐서 친구에게 전화하여 "내일 엄마를 만나기로 했다"고 자랑했다.

다음날 친구는 궁금하여 전화를 했는데, 아들이 힘없이 말했다.

"야, 말도 마라. 이번에는 아버지가 반대하시더라."

02 부인 사진

남편이 출근하면서 아내에게 지난주에 입었던 양복을 세탁소에 맡기라고 했다. 아내는 세탁소에 가기 전에 양복 주머니를 확인했는데, 양복 안주머니에서 자기 사진을 발견하고는 감격했다.

기분이 좋아진 아내는 저녁에 진수성찬을 차려서 남편을 기쁘게 해줘야겠다고 마음먹었다. 남편에게 전화를 걸어 "오늘 저녁에 맛있는 음식을 준비할 테니 일찍 퇴근해요"라고 통화했다.

저녁에 남편이 귀가했다. 식탁을 보니 생일 때도 먹어보지 못한 음식들이 가득 차려져 있었다.

남편: 오늘 무슨 날이야?

아내: 아녜요. 양복을 맡기기 전에 주머니를 확인했는데 내 사진이 나와서 너무 기뻤어요. 내 사진을 갖고 다니면 힘이 되나요?

남편: 그럼, 힘이 되고말고.

아내: 어떻게 힘이 되나요?

남편: 회사에서 골치 아픈 일이 있을 때 당신 사진을 보면서 이렇게 생각하지.

'아무리 회사일이 골치 아파도 우리 둘 사이만 하겠느냐!'

03 남편의 유언

평소 아내에게 오금을 펴지 못하고 꼼짝 못 했던 공처가가 시름시름 앓다가 병이 악화되어 죽게 되었다.

남편: 여보, 나는 이제 얼마 못 살 것 같으니 유언을 받아 적어요.

부인: 왜 자꾸 죽는다고 그러는 거예요. 힘을 내야죠.

남편: 내가 죽은 다음에 당신은 부디 거래처 김 사장과 재혼해 주기를 부탁하오.

부인: 아니, 김 사장이라는 작자는 당신과 동업하면서 회사를 망하게 한 원수 아녜요?

남편: 맞아요. 그놈에게 원수를 갚는 방법은 그것뿐이오.

04 두 줄로 서시오

남편들이 죽어서 하늘나라에 갔다. 하나님은 남자들을 두 줄로 서라고 했다.

한 줄은 아내를 지배하며 산 남자들, 또 한 줄은 아내에게 지배를 당하고 산 남자들이 서라고 했다.

그런데 아내에게 지배를 당한 줄은 끝이 없는데 한 사람만 다른 줄에 서 있었다.

하나님이 혼자 서 있는 그에게 말했다.

"어떻게 혼자만 그 줄에 서게 되었는지 많은 사람들 앞에서 말해 보게."

"마누라가 어디 가면 긴 줄에는 서지 말라고 했어요."

05 아내의 재치

남편은 아내가 생일을 맞아 교외의 근사한 가든을 예약하고 함께 식사를 했다. 화기애애한 분위기에서 즐겁게 얘기를 주고받았다. 그런데 화제가 자녀들 얘기, 돈 얘기로 옮겨가면서 사소한 말다툼이 벌어졌다. 급기야 언성이 높아지고 심한 말이 오고 갔다. 결국 아내의 말 폭탄에 남편이 말문을 닫았다.

차를 타고 귀가하면서도 서로 눈길조차 마주치지 않고 분위기가 너무나 냉랭했다. 남편은 빨간 신호등이 켜지는 것을 보고 사거리에서 차를 멈추었다. 그때 주인 손에 이끌려 횡단보도를 건너는 개 한 마리를 목격했다.

남편이 핀잔하듯이 아내에게 한마디한다.

"어이, 당신 친척 지나가는데 인사 좀 하지 그래."

그러자 아내가 창문을 열더니 지나가는 개를 바라보고 인사했다.

"안녕하세요, 시아주버님."

06 화장발

가래떡 여사가 남편과 함께 외출했다가 이웃집에 사는 인절미 여사를 우연히 만났다.

서로 반갑게 인사를 하고 지나가는데 남편이 고개를 돌리고 인절미 여사의 뒷모습을 바라보았다. 그 모습을 본 가래떡 여사가 남편에게 핀잔을 주었다.

"인절미가 뭐가 예쁘다고 그렇게 돌아보세요?"

"솔직히 당신보다는 예쁘잖아."

"모르는 소리 마세요. 인절미는 순전히 화장발이라고요."

07 후회

남편이 신문을 보면서 세상을 떠들썩하게 만든 도둑에 관한 기사를 읽고 혼자 중얼댔다.

"사람들은 도둑질을 하면 평생 후회하며 살지."

그 말을 듣고 옆에 앉아 있던 아내가 말했다.

"여보, 결혼하기 전에 내 입술을 훔친 키스는 어떻게 생각해요?"

"그래서 내가 평생 후회하며 살고 있지 않소."

08 너 같은 건

바람둥이 중년 남자가 차를 몰고 시내를 달리다가 신호대기로 멈춰 섰다. 옆 차선으로 달려오는 차도 정지선에 나란히 멈춰 섰다.

중년 남자가 옆 차를 보니 선글라스를 낀 중년 여성이 타고 있었다. 남자는 호기심이 발동하여 창문을 내리고 살짝 클랙슨을 울렸다. 여성은 길을 물어보는 줄 알고 창문을 열고 남자를 바라보았다.

그러자 남자가 점잖은 목소리로 운을 떼었다.

"사모님, 시간이 괜찮으면 커피숍에 가서 차 한잔 하실까요?"

그러자 여성은 남자를 물끄러미 바라보다가 한마디를 던지고는 파란불이 켜지자 쏜살같이 달려 나갔다.

"에구, 너 같은 건 집에도 있다."

09 당신 예쁘게 보려고

어느 날, 아내가 남편에게 얘기 좀 하자며 마주 앉았다.

아내: 이제 당신 술 좀 줄이세요. 애들이 학교에 들어가니 과외비가 많이 나가서 당신 월급으로 살기가 힘들어요. 술값이 너무 많이 나가니 좀 줄이는 게 어때요?

남편: 사돈 남말 한다더니, 당신 화장품값이나 줄여. 화장품이 얼

마나 비싼데.

아내: 화장품은 당신한테 예쁘게 보이려고 바르는 거지.

남편: 나도 당신 예쁘게 보려고 술 마신다.

10 당신 아는 사람이에요?

저녁 식사 후 부부가 아파트 단지 안을 산책하는데, 뒤에서 승용차가 경적을 울렸다.

남편이 못 들은 척하고 길을 비켜주지 않았다. 그러자 운전자가 계속 클랙슨을 울렸다.

보다 못한 아내가 남편의 팔을 잡아끌어 차가 지나갈 수 있게 했다. 운전자가 지나가면서 남편을 향해 불만 가득한 목소리로 소리를 질렀다.

"야, 이 고집불통, 돌대가리, 이기주의자야."

그 말을 듣고 아내가 "당신 아는 사람이에요?"라고 물었다.

남편은 "아니."라고 짧게 대답했다.

그러자 아내가 이상하다는 듯이 말했다.

"그런데 어떻게 당신에 대해 잘 알아요."

11 거짓말 탐지기

중학생 아들이 매일 밤 12시가 넘어서 집에 들어왔다. 부모가 물어보면 독서실에서 공부하고 온다고 했는데 의심스러웠다.

어느 날, 아버지가 전자상가에 갔는데 거짓말하는 사람을 때려주는 요술 방망이를 발견하고 즉시 구입했다.

그날도 중학생 아들은 밤 12시가 넘어서야 집에 왔다.

"너 어디에서 오는 거니?"

"네, 독서실에서 오는 거예요."

그러자 요술 방망이가 아들을 마구 때렸다.

"너는 지금 거짓말하고 있어. 똑바로 얘기 못해."

"죄송해요. PC방에서 게임하고 왔어요."

"뭐? 게임을 하고 와? 야 인마, 아빠는 네 나이 때 PC방 근처에도 안 갔다."

그러자 이번에는 요술 방망이가 아버지를 마구 때렸다.

이 모습을 보고 있던 엄마가 말했다.

"역시 당신 아들이네요."

그러자 이번에는 요술 방망이가 엄마를 정신없이 때렸다.

12 닭살 부부

닭살 부부는 오늘도 애정을 과시했다.

남편: 이쁜 게 죄라면 당신은 사형감이야.

아내: 멋진 남자 잡아오라면 당신은 지명수배감이야.

닭살 부부가 대화하다가 아내가 갑자기 남편의 뺨을 때렸다.

남편이 어이가 없어 아내를 바라보자 아내가 말했다.

"여보, 빛의 속도로 다가가는 애무야."

아내: 우리 사이는 왠지 벽이 있는 것 같아.

남편: 무슨 벽?

아내: 완-벽!

13 아담과 이브

이 세상에서 제일 행복한 여자는 누구일까?

이브다. 왜냐하면 시어머니가 없기 때문에.

이브가 아담에게 말했다.

"당신 정말 날 사랑해요?"

"그럼. 이 세상에 당신 말고 또 누가 있소."

아담은 늘 불만이었다.

"나는 평생 외박 한 번 못 해봤다."

14 아내의 공격

아내가 샤워를 마친 뒤 거울 앞에서 브래지어를 입고 있었다.

남편: 가슴도 작은데 브래지어는 왜 해?

아내: 당신이 팬티 입는다고 내가 뭐라고 했나요?

아내: 여보, 만일 5분 후에 지구의 종말이 온다면 당신은 마지막으로 무엇을 하고 싶어요?

남편: 마지막으로 당신과 열렬한 사랑을 해야지.

아내: 나머지 3분은 뭐 할 건데요?

15 분별력

결혼을 하는 이유는 분별력이 없기 때문이고,
이혼을 하는 이유는 인내력이 없기 때문이며,
재혼을 하는 이유는 기억력이 없기 때문이다.

16 부부싸움

부부가 심하게 싸운 뒤 며칠 동안 서로 한마디도 하지 않았다.

그런데 다음 날 아침 남편이 회사에 일찍 나갈 일이 생겼다.

남편이 종이에 '여보, 내일 새벽 5시에 꼭 깨워줘'라고 적어서 아내에게 건네줬다.

다음 날 아침 남편이 눈을 떠보니 시계가 7시를 가리키고 있는 게 아닌가. 화가 난 남편이 침대에서 벌떡 일어나는데 종이 한 장이 방바닥으로 떨어졌다.

'여보, 5시에요. 일어나요.'

17 빌 게이츠

빌 게이츠가 신디 크로포드와 결혼했다. 신혼여행을 다녀오는 날,

공항에는 각 매스컴의 연예계 기자들이 몰려들었다.

질문 공세를 퍼부었다.

"세계 최고 갑부와 결혼한 소감이 어떤가요?"

"첫날밤은 좋았나요?"

그러자 신디 크로포드가 새끼손가락을 들고 긴 한숨을 쉬며 한마디했다.

"마이크로, 소프트(Micro, Soft)."

....

정치인 유머

이런 말이 있다.

'동업자 두 사람이 항상 의견일치하면 한 사람은 필요 없다.'

국회에서 정책을 결정할 때 여당 의원 160명이 모두 찬성하고

야당 의원 140명이 모두 반대한다면

이는 곧 양당이 한 명씩만 있으면 된다.

우리나라뿐 아니라 대부분의 국가에서 정치인들에 관한 유머가 많은데,

이는 정치인들에 대한 불신이 크기 때문이다.

외국의 어느 유머 책에 이런 내용이 있다.

'정치란 돈 많은 사람들과 가난한 사람들을 서로

상대편으로부터 보호해 주겠다는 감언이설로

돈 많은 사람들로부터는 돈을 뜯어내고,

돈이 없는 사람들로부터는 표를 낚는 기술이다.'

01 사과문

최근에 국회에서 통과된 몇 가지 법안에 대하여 분격한 나머지 한 신문이 '의원들의 반은 협잡배들이다'라는 사설을 실었다.

그러자 몇몇 유명 정치인들이 노발대발하며 문제의 사설에 관하여 사과하라고 신문사에 압력을 넣었다.

급기야 신문사는 국회의원들의 압력에 못 이겨 다음과 같이 사설을 수정한다며 사과문을 실었다.

'의원들의 반은 협잡배가 아니다.'

02 내 돈 내놔

어느 국회의원이 저녁 늦게 집에 가다가 으슥한 골목에서 강도를 만났다.

강도가 칼을 들이대며 말했다.

"돈 있는 거 다 내놔!"

"난 국회의원이다."

"그래, 그럼 잘 됐다. 내 돈 내놔!"

03 어느 쪽 국민일까?

미국의 오바마 대통령과 영국의 대처 수상이 같은 비행기를 타고 여행 중이었다. 그런데 엔진 고장으로 비행기가 급강하하기 시작했다.

두 사람은 긴장하면서 '우리가 죽으면 미국, 영국 어느 나라 국민이 더 슬퍼할까?'라는 이야기를 짧게 나눴다. 서로 자기 나라 국민들이 더 슬퍼할 거라고 자신만만하게 말했지만, 잠시 후 두 사람은 의견일치를 보았다.

"가장 슬퍼하는 국민은 러시아 국민일 것이다."

왜냐하면 푸틴이 타지 않았기 때문에.

04 최초의 직업

의사, 건축가, 철학자, 정치가 등 4명이 모여 지구상에 가장 먼저 나타난 직업이 무엇인지에 대해 토론하고 있었다.

의사: 아담의 갈비뼈를 빼내어 이브에게 이식시켰으므로 당연히 의사지.

건축가: 무슨 소리야. 하나님이 우주를 만든 것은 바로 건축이지.

철학자: 천지창조를 할 때 하나님이 얼마나 혼돈에 대한 고민을 했는지 알아?

정치가: (빙그레 웃으며) 이 세상을 혼돈으로 만든 게 누군데?

05 배신자

아들: 아빠, 정치에서 말하는 배신자는 어떤 사람이야?

아빠: 그건 우리 당을 버리고 다른 당으로 가는 사람을 말한단다.

아들: 그럼 자기 당을 버리고 우리 당으로 오는 사람은 뭐라고 하는데?

아빠: 그건 정치적 소신이 있는 사람이라고 말한단다.

06 국회의원과 마누라의 공통점

① 하여간 말이 많다.

② 내가 선택했지만 후회한다.

③ 파란만장(돈)을 엄청 좋아한다.

④ 내 돈 쓰면서 항상 당당하다.

⑤ 항상 노는 것 같은데 엄청 바쁘다고 한다.

⑥ 본인이 아쉬울 때는 아양을 떤다.

07 대통령의 자격

미국에서 유행하는 위트이다.

전임 대통령은 신임 대통령에게 어려울 때는 다음의 세 편지를 꺼내서 개봉하고 그대로 실천하라고 알려준다.

① 첫 번째 난국 때

"전임 정권이 나쁘다고 말하고 위기를 벗어나시오."

② 두 번째 난국 때

"야당이 국정의 발목을 잡는다고 덮어씌우고 위기를 벗어나시오."

③ 세 번째 난국 때

"당신도 나와 같이 세 통의 편지를 쓰고 후임자에게 전해 주시오."

08 테스 형

우리나라 어느 신규 장관 청문회에서 의원들의 질의가 이루어지는데 여야 간에 논쟁이 심했다.

야당 의원이 질문을 퍼부었다.

“과거에 한 직장에서 근무할 때 대통령과 형님 동생 하는 사이였다는데 매우 가까운 사이 아닙니까?”

야당 의원이 이렇게 몰아붙이자 여당 의원이 한마디했다.

“아니, 그럼 나훈아는 ‘테스 형 테스 형’하는데 소크라테스와 나훈아는 가까운 사이입니까?”

긴장감이 돌던 청문회장에 웃음소리가 퍼져나갔다.

09 정치인 고기는 왜 비싸지?

어느 날 한 식인종이 강 건너 다른 식인종 마을에 방문하여 친구와 함께 고깃집에 들렀다. 그런데 다른 사람은 다 2만 원인데 유독 정치인 고기만 10만 원인 것이다.

이를 이상히 여긴 식인종이 식당 주인에게 물었다.

“왜 정치인들만 이렇게 비쌉니까?”

그러자 식당 주인이 대답했다.

“정치인 하나 깨끗이 씻기가 얼마나 힘든지 아십니까?”

....

종교인 유머

인간에게 종교란 무엇인가?

올바르게 세상을 살아가는데 가이드 역할을 하고,

희망을 주어서 도덕적 인간을 육성하는 데 중요한 역할을 한다.

그러나 우리는 종교를 기복신앙으로 숭배하면 안 되고

평범한 생활습관으로 받아들이는 것이 바람직하다.

하나님 말씀대로, 부처님 가르침대로 산다면

이 세상이 곧 천국이고 극락이 아닌가.

종교 관련 역설적 유머가 많은데 그것은

종교에 대한 조롱이 아니라 순수하게 유머로써만 받아들이면 된다.

마크 트웨인은 말했다.

"유머의 원천은 기쁨이 아니라 슬픔이다.

천국에는 유머가 존재하지 않는다."

01 목사와 장로

어느 날 목사와 장로가 한날한시에 죽어서 천국에 갔다.

그런데 하나님이 목사만 끌어안고 반가워하는 것이 아닌가.

이에 화가 난 장로가 하나님께 항의했다.

"하나님, 저도 세상에서 좋은 일 많이 하고 천국에 왔는데 왜 목사님만 끌어안고 반가워하십니까?"

"야, 이 사람아! 천국에서 목사를 만난 지 10년이 넘어서 너무 반가워서 그러네."

02 신부

어느 날 신부가 죽어서 천국에 갔다. 마침 식사 시간이라 식당으로 향했다.

그런데 다른 사람들에게는 종업원들이 와서 음식 서빙을 해주는데 신부한테는 아무도 오지 않았다.

신부가 종업원을 불렀다.

신부: 왜 나한테는 서빙을 안 해주는 거죠?

종업원: 저 사람들은 세상에서 어려운 사람들을 위해 봉사활동도 많이 하고 좋은 일들을 많이 했으니 여기에 와서는 대접

을 받는 것입니다. 신부님은 세상에서 대접만 받고 왔으니까 여기서는 셀프입니다.

신부: (멍한 표정으로) 그럼 세상에서 황제 대접을 받던 교황은 어디에 계십니까?

종업원: 교황은 지금 배달 나갔어요.

03 스님

유명한 스님 한 분이 저세상에 갔다. 염라대왕은 그에게 죽어서 오는 사람들의 극락행, 지옥행을 판정하는 재판관 일을 맡게 하였다.

어느 날 중년 부인 세 사람이 동시에 죽어서 오게 되었다.

부인 A: 저는 일찍 결혼하여 오로지 한 남편만을 섬기며 평생을 살았습니다.

스님: 오, 기특하구나. 여기 극락 열쇠를 받거라.

부인 B: 저는 오직 남편과 가족을 섬기며 살다가 어느 날 딱 한 번 외도를 한 일이 있습니다. 선처해 주세요.

스님: 그 정도면 훌륭하게 인생을 살았구나. 자, 너도 극락 열쇠를 받거라.

부인 C: 저는 남편과 뜻이 맞지 않아 가정을 등한시하고 많은 남자들과 외도를 하며 평생을 살았습니다. 용서하여 주세요.

스님: 괜찮다. 자, 이 열쇠를 받거라.

부인 C: 스님, 이건 지옥행 열쇠인가요?

스님: 아니다. 그것은 내 방 열쇠니라.

04 조는 사람

주일에 교회에서 목사가 열띤 설교를 하는 중이었다. 중간에 앉은 할아버지 한 분이 꾸벅꾸벅 졸고 있었다.

목사가 자꾸 눈에 거슬려 할아버지 옆에 앉은 할머니에게 할아버지를 깨우라고 했다.

그러자 할머니가 혼잣말로 중얼거렸다.

"아니, 잠은 지가 재워놓고 왜 나보고 깨우라고 해."

05 목사의 졸도

어느 부부가 할아버지를 모시고 살았는데 그 할아버지는 매주 로또를 샀다.

TV에서 로또 복권 추첨을 하는 날, 할아버지는 아들과 며느리에게 당부했다.

"나는 심장이 약해서 추첨 방송을 볼 수 없으니 번호를 맞춰보고 결과만 얘기해 줘."

그러고는 자기 방으로 들어갔다.

아들 부부는 추첨 방송을 지켜보았다. 그런데 이게 웬일? 20억이 당첨되었다. 몹시 놀란 두 사람은 기쁘기도 하고 한편으로는 걱정이 되었다. 이 사실을 직접 얘기했다가는 심장이 약한 아버님이 쇼크를 받을까 봐 직접 말하기가 어려웠다.

두 사람은 고민하다가 가족들이 다니는 교회의 목사를 통해 간접적으로 말해주기로 했다.

목사가 집에 방문하여 할아버지 방을 노크했다.

"아이고, 우리 목사님이 어쩐 일이십니까?"

"네, 이 근처에 심방을 왔다가 인사를 드리러 왔습니다."

이런저런 안부를 묻다가 목사가 어렵게 말을 꺼냈다.

"만일 로또 복권 1등에 당첨되어 20억을 받으신다면 어떻게 하시겠습니까?"

할아버지가 놀라면서 말했다.

"저에게 만일 그런 행운이 온다면 목사님 교회를 위해 10억을 헌금으로 내겠습니다."

이 말을 듣자마자 목사는 그 자리에서 졸도하고 말았다.

06 매형한테 받아요

한 청년이 갑자기 쓰러져서 병원으로 실려 갔다. 수술을 받고 마취에서 깨어나 보니 여의도 성모병원이었다.

건강이 회복될 무렵, 원무과 수녀가 청년에게 치료비를 어떻게 할 것인지를 물었다.

"죄송합니다. 제가 돈이 없습니다."

"그럼 도움을 청할 형제나 친척도 없나요?"

"친척이라고는 시집 못 간 누나뿐인데 독산동 성당 수녀랍니다."

그 말을 듣자마자 원무과 수녀가 역정을 내며 말했다.

"수녀는 시집을 못 간 게 아니라 하나님과 결혼한 여자라고요."

그러자 청년이 말했다.

"그럼 병원비는 매형한테 청구해 주세요."

07 약장수

어느 나라가 공산화되어 지식인들을 처형하고 있었다. 종교인, 학자, 군인, 경찰, 공무원, 교수 등이 일순위였다.

신분을 심사하는 긴 줄에 목사도 섞여 있었다. 목사는 처형 대상인지라 불안하여 하나님께 기도했다.

"하나님, 제 직업을 물어보면 뭐라고 할까요?"

하나님이 응답했다.

“약장수라고 하거라.”

목사가 차례가 되어 앞에 서자 공산당원이 말했다.

“당신은 직업이 뭐요?”

“네, 저는 약장수입니다.”

“무슨 약을 팔았는데?”

“신약과 구약을 팔았습니다.”

08 오늘 부르실 찬송

부동산 투자로 돈을 많이 번 복부인 권사가 주일예배 전에 신도들 앞에서 찬송가를 리드했다.

“자, 이번에 부르실 찬송은 307동입니다.”

....

노인 유머

몇 년 전에 UN에서 새롭게 세대 구분을 했다.

1~17세: 미성년자

18~65세: 청년

66~79세: 중년

80~99세: 노인

100세 이상: 장수 노인

우리나라 평균수명이 약 80세인데 UN의 구분에 따르면 80세 이상을 노인으로 분류한다.

언젠가 책에서 읽은 명언이 생각난다.

"우리가 노인이 되어 인생을 되돌아볼 때 성공한 인생은

부모가 자식들을 자랑하는 것이 아니라

자식들이 부모를 자랑하는 것이다."

01 그러면 고맙지요

어느 노인회관에서 경로잔치가 벌어졌다. 초청된 연예인들이 앞에 나와 노래도 하면서 흥겨운 시간을 보냈다.

사회자가 가장 즐거워하는 노인 부부를 보며 할아버지한테 질문했다.

"할아버지, 즐거우신가요?"

"네, 즐겁습니다."

"두 분이 아주 다정해 보이십니다. 만일 할아버지가 다시 태어나신다면 지금 할머니와 결혼하시겠어요?"

"예, 나는 다시 태어나도 지금 마누라와 결혼할 겁니다."

그러자 여기저기서 감탄사가 터져 나왔다.

사회자가 이번에는 할머니한테 똑같이 질문했다. 그러나 할머니는 고개를 흔들며 절대로 안 한다고 했다.

"할아버지! 할머니는 다시 태어나면 할아버지와 결혼 안 하신다는데요?"

"그러면 고맙지요, 뭐."

02 공원묘지 선물

어버이날에 사위가 장모님에게 좋은 위치의 공원묘지 회원권을 선물했다. 장모가 너무 좋아서 여기저기 다니며 자랑하고 다니자 모두 부러워했다.

그다음 해에 어버이날이 되었는데 이번에는 사위가 선물을 주지 않았다.

며칠 지나서 장모가 사위에게 말했다.

"김 서방, 작년에는 좋은 선물을 받았는데 올해는 왜 선물이 없나?"

그러자 사위가 말했다.

"작년에 드린 선물을 한 번도 사용 안 하셨는데 또 무슨 선물이 필요하신가요?"

03 장모의 시험

어느 날 세 사위를 둔 장모가 엉뚱한 시험을 하기로 했다.

첫째 사위를 데리고 한강공원에 가서 걷다가 갑자기 물에 빠졌다. 당황한 맏사위가 물로 뛰어들어 장모를 구해 주었다.

며칠 후 맏사위 앞으로 쏘나타 차량이 배달되었다. 장모가 보낸 차였다.

이번에는 둘째 사위를 데리고 한강공원에 가서 똑같이 실족한 것처럼 물에 빠졌다. 둘째 사위가 물에 뛰어들어 장모를 구하고 인공호흡도 해주었다.

며칠 후 둘째 사위한테는 그랜저가 배달되었다.

장모는 마지막으로 셋째 사위를 데리고 한강에 갔다. 역시 장모는 미끄러지듯 물에 빠졌다. 그런데 셋째 사위는 강물에 뛰어들지 않고 소리만 질렀다. 그만 장모는 익사하고 말았다.

며칠 후 셋째 사위 집에 우편물이 배달되었다. 거기에는 아파트 등기권리증과 편지 한 통이 동봉되어 있었다.

'수고했네, 장인이.'

04 택시 기사와 노인

과속으로 질주하던 택시가 길을 걷던 노인의 옷깃을 아슬아슬하게 스쳤다. 노인은 깜짝 놀라 그 자리에 털썩 주저앉고 말았다.

택시 기사는 급히 차를 세우고 노인에게 헐레벌떡 달려왔다.

"죄송합니다. 핸들 잡고 20년 동안 이런 경우는 처음이군요."

택시 기사는 운전 경력을 내세워 조금 전의 상황을 노인의 실수로 몰아가려는 것 같았다.

노인이 괘씸하게 여기며 한마디했다.

"나는 걸어 다닌 지 70년이 되었지만 이런 일은 처음이라네."

05 아버지의 지혜

어떤 노인이 수술을 받게 되었다. 수술할 의사는 그의 아들이었다. 수술실에 들어가기 전에 누워서 마취를 기다리던 아버지는 아들에게 말했다.

“혹시 수술이 잘못되어 무슨 일이 생기면 엄마는 너희 집에 가서 함께 살아야 한다.”

06 할아버지의 자랑

한 노인이 고해성사를 하기 위해 성당에 갔다.

노인: 저는 올해 75세인데 50년 동안 결혼생활을 했어요. 그동안 바람 한 번 피운 일이 없는데, 두 달 전에 28살 아가씨를 만나 외도를 하고 말았습니다.

신부: 두 달 전이라고 하셨나요? 그동안 성당에 한 번도 안 나오셨습니까?

노인: 성당엔 평생 처음 온 거예요. 저는 불교 신자거든요.

신부: 그럼 지금 왜 저에게 이런 이야기를 하시는 건가요?

노인: 모든 동네 사람들에게 자랑했는데 신부님에게만 못 했거든요.

07 경로석

지하철 경로석에 젊은 아가씨가 앉아있었다. 아가씨는 할아버지가 타는 것을 보고 눈을 감고 자는 척했다.

할아버지는 아가씨의 어깨를 흔들면서 말했다.

"아가씨, 여기는 노인들이 앉는 경로석이야."

"저도 돈 내고 탔는데 왜 그러세요?"

아가씨가 짜증을 부리며 말하자 할아버지가 한마디했다.

"여기는 돈 안 내고 타는 사람들이 앉는 자리야."

08 할머니의 욕심

설날 아침에 중학교 다니는 손녀가 할머니에게 세배했다.

"할머니 100살까지 건강하게 사세요."

그 말을 듣고 할머니의 표정이 일그러졌다.

알고 보니 할머니의 연세는 99살이었다.

09 불효 아들

백두산 관광을 온 30명의 노인들에게 안내원이 물어봤다.

"여기서 따님이 보내줘서 관광 오신 분들은 손들어 보세요."

28명이 손을 들었다.

안내원은 "두 분은 아들이 보내 주셨나요?"라고 물었다.

두 사람이 아니라고 손을 내젓자 안내원이 다시 물었다.

"그럼 아드님이 아니라면 누가 보내 주셨나요?"

"사위가…."

10 내 자식인데

지하철 경로석에 앉은 할머니가 개를 안고 있었다. 양옆에는 할아버지들이 앉아 있었다. 개를 안고 있는 할머니가 사람과 대화하듯이 개에게 말을 걸었다.

"아이고, 내 새끼. 배고프니? 멀미 나니? 지하철 타니까 좋니?"

할머니가 계속해서 혼자 지껄이니 할아버지가 한마디했다.

"여기는 공공장소인데 조용히 좀 합시다. 사람도 아니고 개한테 뭐 하는 짓이에요!"

그러자 할머니가 할아버지를 향해 사납게 말했다.

"얘는 내 자식 같은 녀석인데 뭐가 시끄러워요. 자식보다 더 소중하단 말이에요."

다음 역에서 할머니가 내리려고 일어서는데 할아버지가 말했다.

"에구구, 어쩌다 개를 낳았어 그래."

사회풍자 유머

유머와 위트의 기본은 사회풍자다.
어떤 것이든지 유머의 소재가 되며
절대적인 것이 상대적으로 변한다.
또한 한국어는 동음이의어가 많은데, 언어의 이중성을 활용하면
훌륭한 유머가 된다.

유머는 간접적인 방법으로 독자들에게 교훈을 주기도 하는데
관계에서도 상대방을 기분 나쁘게 하지 않으면서
반성하게 만드는 효력도 지닌다.

01 강도를 제압했어요

어느 집에 강도가 침입하려고 했다. 집주인은 다급하게 파출소 3군데에 전화했다. 바쁘다고 핑계를 대면서 일이 끝나면 오겠다고 했다.

화가 난 주인은 집에 침입한 강도를 용케 제압했다. 그리고 전화했던 파출소에 강도를 잡았으니 올 필요가 없다고 전했다.

그러자 3군데 파출소에서 5분도 안 되어 달려왔다.

02 구조조정

새로 만들어진 쓰레기 처리장의 규모가 커지자 시에서는 경비원을 한 명 고용하기로 했다.

1년 후 시에서는 그 경비원의 근태관리를 위해 직원이 필요하다며 또 한 명을 채용했다.

1년 후 직원들의 물자공급을 위해 필요하다며 구매 직원을 채용했다.

1년 후 관리자가 필요하다며 과장을 채용했다.

1년 후 시장이 바뀌었다. 신임 시장은 쓰레기 처리장의 인원이 많으니 구조조정안을 제시하라고 했다.

직원들은 회의를 통해 다음과 같은 내용을 발표했다.

"우리는 경비원 1명을 해고한다."

03 문서 이관

정부의 한 부서에서 문서 담당자가 국장에게 보고했다.

"문서고에 서류들이 꽉 찼습니다. 10년 이상 된 문서들은 폐기해야겠습니다."

국장은 "그렇게 하게"라고 지시한 후 30분도 안 되어 다시 말했다.

"하지만 폐기 처분하기 전에 서류들을 하나도 빠짐없이 복사해 두게."

04 달팽이의 불만

토끼가 거북이와 경주해서 졌다. 분통이 나서 집에 와 누워있었다. 그런데 누군가 문을 작게 노크했다. 문을 열어보니 달팽이였다.

"웬일이야?"

"야, 소문 다 났어. 너 거북이하고 달리기해서 졌다면서?"

"이 자식이 어디서 놀리는 거야!"

토끼는 달팽이를 힘차게 걷어찼다.

한 달 후 토끼가 집에 있는데 누군가 노크를 했다. 문을 열어보니 달팽이가 가쁜 숨을 몰아쉬며 한마디했다.

"야, 너 시방 나 찼냐?"

05 우유와 대학

엄마가 유치원 다니는 아들을 아인슈타인처럼 천재로 키우기 위해 '아인슈타인우유'를 먹였다. 그러나 초등학교에 들어가서 보니 천재가 아닌 것 같아 서울대라도 가라고 '서울우유'로 바꿨다.

중학교에 가서 보니 서울대 가기는 힘들 것 같아 '연세우유'로 바꿨다.

고등학교에 입학하고 성적을 보니 연세대 입학이 힘들 것 같아 '건국우유'로 바꿨다.

아들은 고등학교 졸업 후 건국대에 응시했으나 낙방했다.

재수하게 되었는데 공부를 전혀 하지 않고 놀러 다니기 바빴다.

할 수 없이 저 지방대라도 가라고 '저지방우유'로 바꾸었다.

06 정신병원의 대화

어느 정신병원의 밤늦은 시간. 환자 한 사람이 소리쳤다.

"난 나폴레옹이다!"

"그걸 어떻게 알아?"

"하나님이 나보고 그랬어."

그때 다른 방에서 들려오는 고함 소리.

"나는 그런 말 한 적 없다!"

07 은퇴 이유

어느 날 뇌가 신체의 장기들을 모아놓고 회의를 열었다.

"오늘은 하고 싶은 이야기가 있으면 모두 해보시기 바랍니다."

폐: 저는 도저히 이 생활을 할 수가 없습니다. 주인이 시도 때도 없이 담배만 피워 대서 답답해서 살 수가 없어요. 이제 은퇴하고 싶습니다.

간: 저도 은퇴하고 싶습니다. 주인이 매일 소주를 두 병씩 마셔서 견딜 수가 없어요.

위: 저도 은퇴하겠습니다. 주인이 매일 얼마나 처먹어 대는지 위가 터질 지경입니다.

그러자 맨 뒤쪽에 앉아있던 거시기가 조그만 목소리로 말했다.

"저도 은퇴하고 싶습니다."

회의를 주재하던 뇌가 말했다.

"뒤에서 지금 말씀하신 분, 일어나서 크게 말씀해 주세요. 잘 안 들립니다."

"나 참. 내가 일어날 힘만 있으면 왜 은퇴하겠습니까?"

08 긴장하셨나 봐요?

평생을 가족을 위해 성실하게 살아온 중년 부인이 있었다. 이제는 자신도 다른 친구들처럼 춤을 좀 배우고 싶어서 학원에 등록했다.

3개월 정도 배우고 나서 처음으로 카바레에 가서 조신하게 앉아 있었다. 가슴이 두근거리고 몸이 떨려서 견딜 수가 없었다.

그때 한 남자가 다가와 정중히 인사를 하며 한 손을 내밀었다. 그녀는 못 이기는 척하며 따라나섰다. 하지만 스텝이 꼬이고 몸과 마음이 따로였다.

사내가 한마디했다.

"사모님, 긴장하셨나 봐요?"

그녀는 이렇게 대답했다.

"네, 30포기 했어요."

09 요술 방망이

한 젊은이가 길을 가다가 요술 방망이를 주웠다. 방망이에는 다음과 같은 글이 쓰여 있었다.

'누구든지 이 방망이를 주운 사람이 한 가지 소원을 말하면 어떤 소원이든지 들어 줍니다.'

젊은이는 딱 한 가지 소원을 말하기 위해 망설였다.

'돈을 요구할까, 예쁜 여자 친구를 달라고 할까, 아니면 결혼하게 해달라고 할까?'

젊은이는 세 가지를 모두 말해서 주는 것을 받기로 결론을 내렸다.

그래서 방망이에 대고 "돈, 여자, 결혼"이라고 외쳤다.

젊은이는 소원대로 '돈여자와 결혼'했다.

10 벨 눌러

버스 요금 문제로 기사와 손님이 서로 흥분해서 싸우고 있었다.

한참을 싸우다 다음 정류장에서 손님이 내리면서 한마디했다.

"야 자식아, 너는 평생 버스 기사나 해 처먹어라."

그 말을 듣고 기사도 한마디 날렸다.

"야 자식아, 너는 평생 버스나 타고 다녀라."

이번에는 택시 기사와 버스 기사가 차선 문제를 놓고 싸움이 붙었다.

버스가 정류장에 서자 택시 기사가 차를 세워놓고 버스에 올라와 험한 말을 했다.

버스 기사는 화가 나서 택시 기사를 버스에 태운 채 출발했다.

그러자 택시 기사가 당황하여 소리를 질렀다.

"어어, 버스 세워 이 새끼야. 정말 안 세울 거야!"

"야, 자식아. 벨 눌러!"

11 여기가 여관여 모텔여

나른한 오후, 지하철 경로석에 노인 두 분이 앉아 있었는데 그 앞에 대학생인 듯한 젊은 남녀가 스킨십을 하고 있었다.

한 노인은 계속 졸고 있었고 다른 한 노인은 그 모습을 못마땅하게 바라보며 인상을 찌푸린다.

아랑곳하지 않고 두 젊은이는 점점 농도가 깊어져서 급기야는 키스까지 하기에 이르렀는데….

이를 지켜보던 노인이 참다못해 버럭 소리를 질렀다.

"여기가 여관여 모텔여!"

커플이 당황하고, 모든 사람들이 이 모습을 바라본다.

그런데 옆에서 졸고 있던 노인이

"여기서 졸든 말든 무슨 상관여" 하고 소리쳤다.

그 순간 지하철 승객들이 폭소를 터트렸다.

산업교육 강사가 직업인 친구는 내가 알려준 위트를 사용했는데 반응이 없어서 당황했다며 불만을 토로했다.

"우주 역사상 행성계에서 가장 역사적인 사건은 금성이 LG로 변한 것입니다."를 순간적으로 착각하여 'LG가 금성으로 변한 것이다'라고 얘기했으니 청중들의 반응이 당연히 신통치 않았던 것이다.

이와 같이 유머와 위트는 결정적일 때 순간 포인트가 중요하다. 그렇지 않으면 바람 빠진 풍선이 되고 만다.

매력 있는 사람은 어떤 사람일까?

흔히 여성들이 말하는 매력 있는 남자는 3M을 갖춘 남자라고 한다.

첫째는 돈(Money), 둘째는 매너(Manner), 셋째는 분위기(Mood)이다.

그러나 이제는 여기에 하나를 더해야 한다. 그것은 바로 유머(Humor)이다. 아무리 돈 많고, 매너가 좋고, 분위기 파악을 잘해도 대화할 때 유머와 위트가 없으면 매력이 반감된다.

유머와 위트는 소통의 기본이며 시간과 공간을 초월한다. 조직에서 동료 간, 상하 간의 간격을 좁히고 싶을 때 가장 좋은 무기로서 직원들의 동기부여에도 큰 역할을 한다.

그러나 유머를 창작하기는 매우 어렵다. 시중의 유머나 위트들을 자기 것으로 만들어 사용하는 것이 중요한데 평소에 많은 연습과 노력이 필요하다. 프로이트는 "유머의 성공은 내용보다는 전달하는 방법에 달려있다."라고 했다.

웃음과 유머가 넘치는 조직은 생기가 있으며 직원들의 감성을 자극하여 활력이 넘친다. 조직은 유머나 위트 감각이 있는 사람이 이끌어간다. 그렇지 않은 사람은 피동적으로 끌려갈 수밖에 없다.

직장, 가정, 학교, 군대, 종교단체 등에서 웃음과 해학이 넘치는 모습이 확산된다면 우리 사회는 살만한 가치가 있을 것이다. 거기에서 우리가 웃음을 전파하는 주인공이 된다면 그 또한 행복한 모습이 아닐까.

참고문헌

고두현, 옛시 읽는 CEO, 순간에서 영원을 보다, 21세기북스, 2016

고두현, 황태인, 리더의 시, 리더의 격, 한국경제신문, 2022

광화문글판 문안선정위원회, 광화문에서 읽다 거닐다 느끼다, 교보문고, 2015

김동길, 대통령의 웃음, 동광출판사

김희보, 한국의 명시, 가람기획, 2001

나태주, 꽃을 보듯 너를 본다, 지혜, 2015

문정희 편, 기생시집, 해냄, 2000

문태준, 어느 가슴엔들 시가 꽃피지 않으랴, 민음사, 2008

문현미, 깊고 푸른 섬, 시학, 2016

법정, 산에는 꽃이 피네, 문학의숲, 2009

신치구 엮음, 참으로 사람답게 살기 위하여, 사람과사람, 1994

원택, 성철 스님 시봉이야기, 장경각, 2016

유태진, 결정적 한마디, 다른상상, 2017

이방주, 시와 함께 걷는 세상, 북레시피, 2015

정민, 꽃들의 웃음판, 사계절, 2005

정찬주, 소박한 삶, 김영사, 2004

조남익, 한국의 현대시 해설, 미래문화사, 1993

롤프 브레드니히, 이동준 역, 위트 상식사전, 보누스, 2005

밥 로스, 김광수 역, 퍼니 비즈니스, 시아출판사, 2002

유머인생(해외유머 걸작선), 한국경제신문, 1996

이시이 마레히사, 추지나 역, 유대인의 말, 라르고, 2016

찰스 패너티, 김영신 역, 소중한 사람에게 드리는 지혜의 말, 컬처라인, 2000

토모비츠, 유머도 글로벌 스탠더드로, 매일경제신문, 2003

호다 코트비 외, 김미란 역, 오늘 나에게 정말 필요했던 말, 한국경제신문, 2020